KB206472

불교인문주의자의 경전읽기

경전을 읽어야 한다. 우리는 경전을 읽고 경전의 가르침을 자신의 정신으로 가꾸어 더욱 풍요한 불교도의 인생을 살아가지 않으면 안 된다. 그리하여 저 별들의 빛이 아주 오래 전에 자신의 별을 출발하여 우리들에게 오고 있듯이, 지금도 영겁의 세월을 지나 우리에게 오고 있는 부처님의 지혜와 자비의 빛을 따라 걸어야 한다.

불교인문주의자의 경전읽기

2019년 1월 10일 초판 1쇄 발행

지은이 일지
발행인 김미숙
편집인 김성동
펴낸곳 도서출판 어의운하
주소 경기도 파주시 월롱면 누현길 94-2 티메카이동 102호
전화 070-4410-8050
팩시밀리 0303-3444-8050

페이스북 https://www.facebook.com/you-think
블러그 https://blog.naver.com/you-think
이메일 you-think@naver.com
출판등록 제406-2018-000137

ISBN 979-11-965609-0-4 03220

불교인문주의자의 경전읽기

일지一指 지음

어의운하

차례

궁극의 화두인 붓다

불교는 붓다 석가모니라는 한 비범한 인간의 생애에서 성취된 정신과 윤리성의 구체적인 통합에서 시작된 가르침이다. 그러므로 한 인간으로서 붓다 개인의 삶에서 성취된 해탈의 사상과 숭고한 인류애는 불교의 변치 않는 종교적 척도를 나타내고 있으며, 불교는 그 분의 깨달음과 행동을 원천으로 삼고 있기 때문에 우리는 "부처님, 그 분은 과연 어떤 인간이었으며 어떤 삶을 추구했는가?"라고 묻지 않을 수 없다. 이야말로 우리 모두의 궁극의 화두이다.

나는 인간의 몸으로 태어났고
인간으로 성장하였으며
인간으로서 붓다를 이루었다.

『증일아함경』 권28, 「청법품」

부처님은 스스로 인간임을 선언한다. 불교는 신神의 존재를 상정하거나 신의 존재를 논증하는 것을 철학적 목표로 삼지 않는다. 일반적으로 불교는 신의 존재를 부정하는 무신론無神論이라고 말하지만, 이와 같은 규정은 어디까지나 신의 존재를 인정하는 유신론有神論을 상대적으로 대비하는 기독교적 입장에서 생겨난 것일 뿐 "불교는 무신론이다"라는 언급 자체가 상당히 애매한 규정인 것이다. 물론 불교는 "사람은 신앙으로써 거센 흐름을 건너고 정진으로써 바다를 건넌다. 근면으로써 고통을 초월하고, 지혜로써 완전한 청정의 경지에 도달한다"라고 설할 만큼, 신앙을 중시하며 부처님과 교법과 승가에 귀의하는 삼귀의三歸依를 기초적인 신앙의례로 삼고 있다.

여기서 우리가 주목해야 할 점은 적어도 불교도에 있어 종교의 의미는 타율적인 심판을 내리는 절대자에 대한 피조물로서의 예속을 의미하는 것이 아니라, 부처님의 가르침을 통해서 인간생활의 궁극적인 문제에 주목하고, 삶의 여러 갈등과 문제들을 해결하는 고차적인 신앙과 수행의 체계라는 점이다. 불교도들에게 있어 신앙의 의미는 단순한 '믿음'만이 아니라 '지혜'의 증장에 필요한 덕목이며 마음의 청정을 증득하는 기본 전제이다.

세존께서 설하신 진리의 가르침은 눈앞에서 볼 수 있고
눈앞에서 증명되며, 때를 기다리지 않고 효과가 있는 것,
'그대들도 와서 보라!'라고 말할 수 있는 것,
능히 최상의 평화로 인도하는 것,
지혜 있는 이들이 명쾌하게 알 수 있는 것이다.

남전대장경, 『상응부경전』 35·70, 「우파바나」

부처님의 말씀을 담고 있는 경전은 몸으로, 마음으로 읽지 않으면 안 된다. 우리는 경전을 아득히 먼 겁의 저편에서부터 수많은 사람들이 염원이나 기쁨과 슬픔, 삶과 죽음에 귀를 기울여 읽어나가야 한다. 그것을 잊고 단지 문구가 의미하는 것만을 분석하거나 종합하는 것만으로는 경전이 설하고 있는 영원한 생명의 세계, 법계法界를 투시할 수 없다.

따라서 경전은 단순히 문구를 읽는 것이 아니라, 자신 스스로를 묻고 답하는 것이다. 즉 눈을 사용하지만, 기실 마음의 귀를 사용하지 않으면 안 되는 것이다. 바로 경전을 귀로 읽는 것이다. 우리는 경전을 읽을 때 저 아득한 겁의 저편에서부터 이어져 온 인간의 깊은 업業을 새기면서 눈을 크게 뜰 필요가 있는 것이다.

나무치 악마는 성도 직전의 부처님을 유혹한다.

"현명하신 분이시여, 왕이 되소서."

부처님께서는 말했다.

"어리석은 이여, 나는 이미 왕위를 버리고 왔노라."

악마는 다시 유혹했다.

"현명하신 분이시여, 히말라야를 황금으로 변하게 하소서."

부처님은 단호하게 거절하면서 계송으로 노래한다.

"비록 여기에 저 설산만한
순금덩어리가 있다고 하자
어떤 사람이 그 금을 얻는다고 해도
오히려 만족할 수 없을 것이다.
그러므로 저 지혜로운 사람은
그 금을 돌과 같다고 보느니라."

『잡아함경』 32, 「작왕경」

고대 인도의 성전인 베다에도 실려 있는 악마, 나무치Namuci
는 "가지 못 하도록(muci) 방해하는 자(na)"이다. 나무치는 모
든 피조물들에게 삶의 즐거움을 제공해 주기 때문에 일체
의 생명들은 그에게 매혹되어 그의 제물이 되며 다시 삶과
죽음의 쓰디 쓴 맛을 보게 되는 것이다. 그러므로 그를 일
러 "악한 자(papiyan)" 또는 "죽음(Mara)"이라고 부른다.

왕위와 금은 세간적인 욕망이 갈망하는 것이다. 그러나 불
교는 이 세상에는 금과 항하사 칠보로 세운 탑보다 더 중
요한 것이 있다고 말한다. 경허(鏡虛, 1849~1912)의 시구처럼 "도
道의 가치 천추千秋에 빛나서 산과 바다가 오히려 가벼운" 것
이다.

세존이신 부처님께서는

중생들에게 부처님의 지견을 열어서(開)

청정한 지혜를 얻게 하고자 이 세상에 출현하셨다.

중생들에게 부처님의 지견을 가르쳐 보이고자(示)

이 세상에 출현하셨으며

중생들로 하여금 부처님의 지견을 깨닫게 하고자(悟)

이 세상에 출현하셨으며

중생들로 하여금 부처님의 지견과 도에 들고자(入)

이 세상에 출현하신 것이다.

바로 모든 부처님께서는

일대사인연을 위한 까닭에 세간에 출현하신 것이다.

『법화경』「방편품」

부처님께서 세간에 출현하신 까닭은 중생들로 하여금 부
처님의 지견을 열고, 보이고, 깨닫고, 완성케 하려는 이른
바 개시오입開示悟入의 비원悲願 때문인 것이다.

『법화경』에서는 "부처님께서 세간에 출현하여 설법하시는
것은 마치 우담바라가 한 번 나타나는 것과 같다"라고 한
다. 자비에는 충만이라는 말이 없다. 자비심에는 충만이라
는 한계가 없으며 자기만족으로 충만되어 있다면 더 이상
자비심이 아니기 때문이다.

불교에서 길을 묻다

불교는 메마른 도구적 지식만을 선택하지 않는다. 불교수행의 본질, 불교를 공부하는 사람은 몸가짐(修身)과 마음닦음(修心)의 본질에 대해서 깊이 통찰하지 않으면 안 된다. 자비와 지혜의 통찰이 담긴 몸가짐과 마음닦음의 실천은 모든 불교도들이 선택해야 하는 삶의 지표이다. 따라서 불교수행이 깊고 정교해지면 정교해질수록 부처님의 가르침을 더욱 성실하게 닦아가게 되는 것이다. 젊은이들이 항상 묻는 "어떻게 살아야 하는가?"라는 질문의 핵심에는 몸가짐과 마음닦음의 문제가 관통하고 있다.

수행자들이여

그대가 재산이 많다는 것은 대체 무엇인가.

수행자들이여, 마땅히 자비희사慈悲喜捨를 닦아야 하느니

이 마음이 사방에 차 넘치고 상하좌우 두루 모든 곳까지

온 세상에 크고 넓고 끝이 없이 퍼져

원한 없고 해치고자 하는 무지가 없는 자비가 넘치게 하라.

수행자들이여

영원한 자애심(慈)으로 이 덧없는 세상을 살아가라.

영원한 슬픔(悲)으로 이 덧없는 세상을 살아가라.

영원한 헌신(喜)으로 이 덧없는 세상을 살아가라.

영원한 무집착(捨)으로 이 덧없는 세상을 살아가라.

이것이야말로 수행자의 진정한 재산이다.

『법구경』

언제인가 대원사 현장스님은 송광사 삼일암 대숲의 바람이 유난히 크게 들리던 날 밤, 이런 이야기를 들려주었다. 인도 여행 중 달라이라마를 만난 스님은 그에게 이렇게 물었다고 한다.

"산다는 것은 무엇입니까?"

"우리가 산다는 것은 완전한 평화(parinivāṇa:般涅槃)를 위해서입니다. 그 목표에 도달하기 위해서 우리는 누구나 삶의 갈등과 고고를 충분히 극복하고 정화할 수 있는 과정을 가져야 합니다. 지금까지 이 인생의 진정한 목표, 완전한 평화를 성취하신 분은 부처님 한 분뿐입니다."

"종교란 무엇입니까?"

"종교의 핵심은 친절입니다. 지금 당신 주변에 있는 사람들에게 따뜻한 마음을 베푸십시오. 그것이 종교입니다. 깨달음에 너무 집착하지 마십시오. 깨달음이 너무 강조되어서는 안 됩니다. 먼저 필요한 것은 자비입니다. 자비를 실천하며 살아간다면 깨달음은 약속되어 있습니다."

남녘의 산과 들, 강을 건너서 불던 바람이 삼일암의 대숲을 세차게 흔들던 그날 밤. 삶에 대해서 말하는 현장스님의 목소리는 유난히 나직하게 들려왔다.

"선남자여, 대승의 경전은 마치 감로와도 같고 독약과도 같다."

가섭보살이 부처님께 사뢰어 말했다.

"여래께서는 무슨 까닭으로 대승경전이 감로와도 같고 또한 독약과도 같다고 비유하십니까."

그때 세존께서 게송으로 설하여 말씀하셨다.

"혹 감로를 마시고도 목숨을 상하여 일찍 죽게 되고, 혹 감로를 마시고 수명이 길게 늘어나며, 혹 독을 마시고 살기도 하며 죽기도 하나니, 무애지無礙智 감로는 대승경전이네. 또한 이름하여 잡독약이라 하고, 소·제호라고도 하네. 모든 석밀을 복용하여 소화하면 약이 되고, 소화하지 못하면 독이 되나니, 대승경전 또한 이와 같아서, 지자에게는 감로가 되고, 불성을 알지 못하는 어리석은 이가 마시면 독약으로 변하네."

『대반열반경』권8, 「여래성품」

수신修身의 실천, 수심修心의 화두는 범상한 일상성의 추적이 바로 역사생성의 동력이라는 전제하에서 그 중요성이 입증된다. 이 경우의 실천에는 어떤 주의나 전통, 문화 이전의 살아있는 의식의 역할이 강조된다. 선禪의 자각성지自覺聖智, 내심자증內心自證이란 존재 사유의 포섭적 화해관계를 지향하는 수심의 실천으로 시작되는 것이다.

수신修身이 전제되지 않은 문화란 거품이다. 이 전제는 다만 대중들의 문화적 환상에 대한 비판이 아니라, 문화의 자기복원력, 사회적 공공성의 토대가 없는 문화는 유흥적인 놀이와 환상의 연장선상에 있기 때문이다.

지금 이 나라는 가히 소비와 유흥으로 흥청거리는 축제의 나라가 되었다. 흥청망청하는 이벤트, 내용도 없이 공허한 놀이가 사람들의 의식을 문화라는 환상으로 지배하게 된 것이다. 그 문화는 가짜이다.

죽음의 순간, 인간이 그 육체를 떠날 때
여러 가지 환각과 미혹이 나타난다.
살아있는 동안 사악한 사념과 무지에 사로잡혀 있던 사람은
그 미혹에 휩쓸려 바른 지혜와 믿음을 잃고
아귀, 축생, 지옥의 세계에서
또 다른 생을 시작하게 된다.
살아있는 동안 명상과 보시를 실천한 현자는
죽음의 순간 바른 지혜와 믿음을 잃지 않고
최상의 광명과 지복의 세계에서
또 다른 생을 시작하게 된다.
그리하여 많은 영혼들이 아주 다른 장소에 도착한다.
그리고 다시 기쁨과 슬픔으로 가득 찬
길거나 짧은 육체의 생존이 시작되는 것이다.

『티벳사자의 서』

삶은 짧다. 그리고 죽음은 남의 일이 아니다. 그래서 불교는 "인간은 숙업의 존재이며 죽음의 길을 가고 있는 존재"라고 설한다. 인간의 마음은 삶과 죽음을 통해서 저 아득한 겁의 저편에서부터 여행을 계속해왔다. 윤회라고 불리는 그 여행의 끝이 어디인지 아무도 알 수 없지만, 보다 노련한 여행자가 되기 위해서는 사악한 사념과 무지에서 벗어나 마음의 깨달음을 얻어야 한다.

결국 인간은 죽음 이후에도 영원히 배워야 하는 존재인 것이다. 그것이 불교이며, 티벳사자의 서, 바르도 퇴될의 메시지이다.

함께 도를 닦는 여러 벗들이여!
권하노니 옷과 밥의 안일을 위해
사람들의 비위를 맞추면서
구차하게 살아가지 말라.
보라! 이 세상을.
모든 것은 무상하고 부질없어서
쉽게 지나가 버리고
참되고 진정한 깨달음은
구하기 어려운 것이다.

『임제록』

당대(唐代)의 임제(臨濟, ?~867)는 이렇게 외쳤다.

"모든 고통과 갈등은 소유의 관성을 불러일으키는 탐욕에서 비롯된다(一切苦生 以欲爲本)."

이제는 제발 그만 사자. 백화점에서 팔고 있는 상품의 환상에서 깨어나야 한다. 현재 우리의 산업체제는 항상 새롭게 생산되는 상품, 예를 들어 전자제품, 옷, 가구, 차, 화장품을 사도록 만들기 위해 광고 전문가들을 동원하고, 우리의 내면에는 그 새로운 상품을 꼭 사지 않으면 안 될 구매 욕구가 본질적으로 자리 잡고 있다는 확신을 심어주는 상품주의 문명의 최면술을 사용하고 있다.

이제는 그만 사자. 그 비싸고 새로운 상품을 사서 소유할 때만이 남보다 품위 있고 유복한 생활을 할 수 있다는 의식의 조작을 거부하자. 인간의 삶은 좋은 차나 좋은 전자제품을 소유함으로써 행복해질 수 있는 그런 하찮은 것이 아니다.

우리는 지금 상품주의 문명에 얼마나 비싼 대가를 치르고 있는 것일까. 우리의 길지 않은 삶은 비싼 대가를 치르면서 상품들을 사서 모으기 위해서 존재하는 것이 아니다. 상품주의 문명의 애교와 호들갑 또는 협박을 떨쳐버리고, 단정하고 검소하게 살면서 더욱 큰 삶의 중심을 스스로 발견하는 일에서 더욱 알찬 행복을 누릴 수 있을 것이다. 참된 자신을 이루는 것, 그것이 바로 불교도의 삶이다. 그것이 몸으로 부딪쳐 스스로를 연마하는 선(禪)의 체구연마(體究練磨) 정신이다.

업^業

부처님은 항상 자신을 '업론자業論者', '행위론자行爲論者', '정진론자精進論者'라고 말씀하셨다. 그만큼 업의 가르침은 중요하며 그래서 우리는 인과응보因果應報, 업보業報, 업력業力, 업장業障, 업화業火라는 용어를 늘 쓰고 있지 않은가?

그렇지만 누군들 사전을 외운 듯한 반면교사의 답변에 쉽게 수긍할 리가 없다. 더욱이 그런 큰 질문을 던질 정도이면 알고 있는 것이 많은 인간이다. 불교용어가 대부분 그렇지만 어떤 언어로 풀이해도 그 의미를 온전하게 드러낼 수 없다. 왜냐하면 우리의 인생, 우리의 사연 많은 실존이 바로 업, 까르마 그 자체이기 때문이다.

현자는 대장장이가 은銀으로부터
불순물을 제거하는 것처럼
하나씩 하나씩 점차로 자기의 부정不淨을 제거한다.
그러나 어리석은 이의 악행은 쇠에서 생긴 녹이
쇠를 먹어들어 가듯이 자신을 지옥으로 데려간다.

『법구경』239·240

선어록에서 곧잘 사용되는 "부처란 무엇입니까?(如何是佛)"라는 질문은 큰 질문이다. 큰 질문에 큰 답이 있기 마련이지만, 문제는 질문자 자신의 큰 의문이 전제되지 않고 습관적으로 던지는 질문은『법화경』에서 설하는 바와 같이 '희론지분戲論之糞'이 되고 만다는 것이다.

지금 교계에서는 구름과 바람을 잡는 듯한 너무 큰 질문, 교학만이 넘쳐흐르고 실천적인 질문과 교학이 부재하는 악덕이 전통, 보편이라는 이름의 미덕으로 받아들여지고 있다. 바로 우리 마음속의 또 다른 사대주의事大主義인 것이다. 그리하여 몽롱한 이야기가 옛날 버전으로 계속 굴러다니는 한 한국불교는 계속 낡아만 갈 것이다.

우리는 큰 질문보다는 사소한 질문에 무게를 두어야 한다. 아무리 사소하더라도 "업業이 도대체 무엇입니까?"라는 질문에는 날카로운 전류가 흐르기 마련이다. 그것은 "부처란 무엇입니까?"라는 실문보다도 준엄한 현실을 묻고 있기에 더욱 큰 무게를 갖고 있는 것이다.

대답하여 이르기를, 업이란 '행위하다' '만들다'를 의미하는 범어의 어근 끄리kri에서 파생된 동사 카르마karma에서 한역漢譯된 용어로서 행위, 작용, 의지라고 번역된다. "인간의 생각과 행위에는 반드시 상응한 선악의 과보가 따른다"는 불교의 근본 가르침이다.

하늘과 바다, 산 속의 동굴 속에 숨어도
자신의 악업을 벗어날 수 있는 곳은 어디에도 없다.
하늘과 바다, 산 속의 동굴 속에 숨어도
지구 위에서 죽음을 벗어날 수 있는 곳은 어디에도 없다.

『법구경』 127·128

업業

매일 벌어지는 각 사건의 조각마다에는 인과가 담겨있고, 그 사건의 조각들이 또 다른 업의 물결을 일으키면서 누구의 삶이든 삶의 모든 순간은 부메랑이 언제나 자신이 던진 지점으로 되돌아오듯이, 인과응보의 부메랑처럼 다시 날아와 꽂히는 것이다. "업보의 그물에 묶여 저승의 장부에 악업만이 늘어나는구나(業網所拘 報增鬼錄)"라는 한탄만으로는 부족하다.

모든 불교경전에서 설해지는 업의 교리는 체념이 아니라 자기책임과 자유의 원리이기에 깊은 통찰을 필요로 하는 삶의 지혜이다. 그러므로 선(禪)이 설하는 깨달음도, 화엄의 일체유심조도 모두 업의 사상과 연결되어 있다. 말하자면 업의 사상 위에 건축된 지혜의 궁전인 것이다.

악업의 과보를 당장 받지 않는다고 하더라도
그것은 마치 소가 먹은 풀이 우유가 되는 것과 같이
악업은 그늘 속에 묻혀서 때를 엿보나니
재 속에 불씨가 꺼지지 않은 것과 같다.

『법집요송경法集要頌經』「업품」

업業

불교는 윤회의 원인이 되는 업과 번뇌를 정화하고 안심을 체득하는 것을 목표로 한다. 업과 번뇌는 마음을 어지럽히는 격정이며, 우리는 아집과 격정 때문에 외부에서 주어지는 데이터를 잘못 해석하고 행동한다. 출력의 오류 때문에 우리는 고통받는 것이다. 이것은 불교의 깨달음을 근원적으로 장애하는 무명無明이다. 무명이란 환상, 자기기만에 사로잡혀 살아가는 상태이며 이런 상태를 유지하기 위해서는 막대한 규모의 심리적 물리적 자원을 헛되게 소비해야 하는 것이다. 이것이 바로 우리의 삶이 고통받는 원인이다. 이 무명이 전인류적인 탐욕과 증오를 야기시키고 있는 것이다.

악업의 과보를 당장 받지 않는다고 하더라도
마치 저 칼집 속의 날카로운 칼날과 같나니
앞날에는 선업이 없어서
반드시 그 고통의 과보를 받으리

『법집요송경法集要頌經』「업품」

업業

현실에서는 악한 놈이 언제나 이기는 것처럼 보인다. 그러나 이미 그는 지옥의 문고리에 손을 잡고 있는 자이다. 왜냐하면 그의 삶은 악한 사념邪念의 먼지만 더해가는 불결밖에 남지 않을 것이기 때문이다. 사람들이 악업을 자행하는 인간들이 선한 척하는 것을 바라보는 것은 마치 길에서 침을 '퉤퉤' 뱉고, '흐흠' 하고 돌아서는 자들을 보는 것처럼 누구나 '더러운 놈'이라는 생각을 하게 하는 것과 같다. 그는 이미 살아서 사람들 속의 지옥에 떨어진 것이다.

다시 『법구경』의 한 구절이다.

"가령 백천 겁이 지나갈지라도 지은 업은 사라지지 않나니 인연이 모여 만날 때에는 자신이 그 과보를 돌려받는다(假使百千劫 所作業不忘 因緣會遇時 果報還自受)."

그래서 옛 스님들은 항상 우리들이 괴상한 짓거리들을 바라보며 "인과를 믿어야 한다"라고 말씀하셨던 것이다. 무릇 불교의 가르침을 따르는 자, 마땅히 업의 법칙, 카르마의 법칙처럼 큰 가르침도 또 없다는 것을 행주좌와行住坐臥, 집에서도 학교에서도 직장에서도 주목해야 할 일이다.

인간人間

"인간이란 무엇인가?"라는 질문은 동서고금의 가장 근본적인 화두이다. 저 방대한 팔만대장경 또한 붓다 석가모니 이래 인간이라는 화두와 맞서서 각고분투한 불교도들이 남긴 인간탐구의 기록이다. 불교는 그 자체가 위대한 인간탐구의 총합으로 그 어떤 종교보다도 깊고 치밀한 인간론을 내장하고 있다는 평가는 이미 동서양의 사상가들이 공감하고 있는 사실이다.

그러나 정작 불교도인 우리는 "인간은 모두 불성을 가지고 있으며 깨달으면 부처이다"라는 대전제에만 익숙해 있을 뿐, 불교의 인간론에 대해 이해가 부족하다. 실로 이 시대에 제시할 수 있는 불교적 인간관이 정립되지 않는 한 불교는 고대의 형이상학으로 비춰지고, 인간 없는 깨달음이란 이미 유효기간이 지난 사구死句가 되고 말 것이다. 현대 사회에서 불교의 사상적 승패의 여부는 결국 인간이라는 활구活句의 복원 여부에 달려 있다.

인간은 총명^{聰明}하며 수승^{殊勝}하다. 인간의 정신작용은 미세하며^(意微細), 바른 깨달음을 얻을 수 있으며, 지혜를 개발할 수 있고, 능히 허와 실을 분별하여 성스러운 진리를 담는 그릇이며 총명한 지혜의 업으로 태어난 존재이다.

『입세아비담론^{入世阿毘曇論}』 권6

불전에서 사용되고 있는 인간이라는 용어는 범어 '마누샤^(manusya, 末奴沙)'의 역어이다. 즉 manusya는 '사고^{思考}한다'라는 뜻을 가진 범어 동사의 어근 'man'에서 온 'manu'의 형용사이다. 즉 '사고하는 자'라는 뜻이다. 그러므로 『구사론』에서는 남섬부주^{南贍部洲}에 살고 있는 인간은 용맹강기^{勇猛强氣}하여 능히 업행^{業行}을 짓고 청정한 행을 닦을 수 있기에 부처님이 출현한다고 설한다.

그때 여래께서 법계의 일체중생을 널리 관찰하시고 말씀하셨다.

"기이하고 기이하도다. 이 세상의 모든 중생이여. 여래의 지혜를 갖추고 있으면서도 어찌 미혹하여 보지 못하는가? 나는 마땅히 그들을 성도聖道로서 가르쳐 그들로 하여금 망상을 영원히 여의게 하고 저절로 자신의 몸속에서 여래의 광대한 지혜를 얻어 보게 하여 부처님과 더불어 조금도 다름없게 하리라."

『화엄경』권51, 「여래출현품」

불교가 보는 인간은 불성(佛性)을 내재하고 정토를 구현할 수 있는 잠재적인 부처이기도 하며, 이 세상을 지옥, 축생, 아수라의 세계로 만들어 가는 사악하고 불행한 존재이기도 하다. 그러나 불교는 "인간은 번뇌의 오물에 의해 더럽혀져 있지만 더러움 그 자체는 아니다"라고 설한다. 즉 인간은 저 아득한 겁의 저편에서부터 탐욕과 아집으로 얼룩진 숙업체(宿業體)이기는 하지만, 스스로 인간이고 부처이고자 정진한다면 지금 선 자리가 바로 해탈의 장소가 될 수 있다. 그런 점에서 불전(佛典)은 인간에 관한 압도적인 신뢰를 설하고 있다. 그 인간 찬미의 극점에 선(禪)과 화엄(華嚴)이 있다.

비유컨대 대지가 바다였을 때 백 년에 한 번씩 물 위로 머리를 내미는 눈먼 거북이가 바다 한가운데 뜬 나무의 구멍을 만나기 어려운 것처럼 우치愚癡한 범부가 오취五趣에 표류하면서 잠시 인신人身을 얻는 것은 더욱 어렵다.

『잡아함경』권15, 406「맹귀경盲龜經」

"세상천지 만물 중에 사람밖에 또 있는가"라는 「회심곡」 첫
소절처럼 사람은 귀한 존재이다. 그런 만큼 저 하염없는 윤
회의 바다에서 사람으로 태어나기는 어렵다. 그래서 경전
에서는 "사람 몸을 받기 어려운 것은 눈먼 거북이가 바다
에 떠있는 나무토막을 만나는 것과 같다(人身難得 盲龜遇木)"라고
강조하고 있다.

승조(僧肇, 384~414) 또한 『범망경보살계서』에는 이렇게 썼다.

"한 번 사람의 몸을 잃으면 만 겁 동안 다시 회복하기 어려
우며 젊은 날은 오래 머물지 않고 마치 달리는 말과 같아
서 사람의 목숨은 덧없기가 흐르는 강물과 같다(一失人身 萬劫不
復 壯色不停 猶如奔馬 人命無常 過於山水)"

이처럼 삶이 덧없는 순간들의 연속이지만 그토록 덧없는
인생이기에 삶의 한 순간 한 순간은 더없이 소중한 것이
며, 우리는 삶이라는 과정을 통해서 인생의 진정한 목표를
자각하고 그 목표에 도달하기 위해 최선을 다해 후회 없는
삶을 살아야 한다.

인간은 어리석은 마음과 적은 지혜로써 선善을 보고 증오하며 비방하고 선한 길을 따르려 하지 않는다. 다만 악행을 지어 비법을 망작妄作하며 항상 도심盜心을 품어서 타인으로부터 이익을 노린다. 혹 재물을 얻어도 이내 소모하여 흩어버리고 다시 구하여 헤맨다. 삿된 마음이 바르지 않기 때문에 남의 눈을 두려워하며 미리 헤아리지 않았다가 결국 후회하게 되느니라.

『무량수경無量壽經』 권하

인간은 어디서부터 태어나서 어디로 죽어가는 것일까? 저 인도와 티베트, 중국과 한국 등 불교의 학문과 예술, 문화가 전해진 모든 지역의 회화나 도상圖像에 보이는 물고기는 죽음과 욕망의 바다에서 약육강식의 사슬이 끊임없이 이어지는 숙업의 바다에서 나고 죽는 중생을 상징한다. 이 세상은 마치 스스로 유지되고, 스스로를 탕진하는 이른바 광란하는 물고기들의 바다, 풍요의 바다이다. 공포나 위협, 고통으로 가득 찬 이 세상은 맛시야-니야야matsya-nyaya, 즉 물고기의 법칙이 지배하는 곳이다.

우리는 고해苦海 속의 물고기인 것이다. 고해 속의 물고기와 같은 삶은 몹시도 괴롭다. 약육강식의 법칙이 지배하는 이 고해에서 표류하는 중생들은 역설적으로 깨어 있으면 깨어 있을수록 삶은 더욱 힘들어지는 것이다. 그래서 저 옛 인도의 사문들은 세간을 거부하는 옷을 입고, 머리를 깎고 출가의 길을 택하지 않을 수 없었던 것이다.

더욱 자명한 사실은 불교가 인간 찬미의 종교만이 아니라 인간의 어두운 이면을 너무 깊이 아는 가르침이며, 인간의 끝없는 악업을 고발하는 경전의 행간 속에 담겨있는 인간의 어둠을 음미하면 몸서리쳐지는 전율을 느끼게 된다는 것이다.

신앙信仰

모든 종교는 믿음을 근본으로 하고 절에 다니며 믿음을 가진 사람들을 신도信徒라고 한다. 신도들은 "부처님을 믿는다", "불법승 삼보를 믿는다" 등등 많은 불교적 신앙의 대상을 믿는다고 말한다. 믿는 마음은 희구하는 마음이다. 그래서 신도들은 모든 중생들에게 복을 주시고 소원을 들어주시는 대은행업자大銀行業者와도 같은 부처님, 만능 해결사와도 같으신 부처님과 그 중개자로서 스님을 따르지만, 정작 부처님과 스님들의 존재 이유이자 가르침인 법法에 대한 믿음과 법을 학습하려는 노력은 부족하다. 이것이 다시 숙고해야 할 우리의 불교신앙이다.

깊은 믿음은 가히 무너뜨릴 수 없으니 일체제불을 공경공양
하며 제불과 정법正法, 성스러운 승가를 믿고 공경하는 까닭
에 보리심을 발한다.

제불과 정법을 깊이 믿고 또한 보살이 행한 바 도를 믿어서
바른 믿음으로써 부처님의 보리를 향하게 하여 보살이 초발
심하는 원인이 된다.

믿음(信)은 불도의 근본이며 모든 공덕의 어머니이다.

일체의 선법善法을 증장하고 일체의 의혹을 극복하여 위없는
진리를 개발하고 시현한다.

청정한 믿음은 묵은 때를 벗게 하고 마음을 더욱 견고하게
하여 교만을 제멸하는 공경의 근본이다.

『화엄경』 권6「현수보살품」

『대지도론』은 설한다.

"믿음은 손과 같다. 어떤 사람에게 손이 있다면 보배의 산에 들어가 자재하게 보물을 취할 수 있는 것과 같다. 믿음이 있다면 이와 같이 불법의 보산^{寶山}에 들어와 자재롭게 취할 수 있거니와 믿음이 없다면 손이 없는 것과 같아서 손이 없이 보산에 들어가더라도 보물을 얻을 수 없는 것과 같다."

즉 자신의 밭을 갈지 않으면서 항상 먹을 것을 구걸하는 걸인과 같은 믿음을 갖지 말고, 자신의 손으로 믿음의 밭을 가꾸라는 이야기이다.

엄밀하게 말해서 불교는 신앙이라는 말보다는 신심^{信心}, 신해^{信解}라는 표현을 더욱 자주 쓴다. 즉 불교도의 믿음은 어떤 절대화된 대상에 대한 맹목적인 믿음보다도 부처님의 지혜와 자비에 대한 믿음, 부처님의 중생 구원력에 대한 믿음, 인간은 바른 행위에 의해서만이 고^苦에서 해탈한다는 믿음, 윤회와 업에 관한 윤리적 행위에 대한 믿음이다. 불자는 이 믿음에서 인간과 세계, 인생을 바라보는 지혜와 용기를 얻고 살아가는 것이다.

신信이란 무엇인가? 진실(實)·덕성(德)·평화(深忍)·희망(欲)이며 마음의 청정을 본성으로 삼아 불신不信을 대처하는 것이며 선善의 실천을 업으로 삼는 것이다.

그러므로 신信에는 세 가지 종류가 있다. 첫째, 신信에는 진실이 있으니 모든 진리 가운데 깊은 믿음의 진리를 깨닫게 하기 때문이다. 둘째, 신信에는 공덕이 있으니 삼보의 청정한 덕 가운데에서 깊은 믿음의 기쁨이 있기 때문이다. 셋째, 신信에는 능력이 있으니 일체 세간, 출세간의 선善에 깊은 믿음을 내는 능력으로써 능히 이루고자 하는 바를 이루기 때문이다. 또한 희망을 일으키는 까닭에 그 마음의 불신不信을 이기게 된다.

출세간의 선을 닦고 증득하는 것을 사랑하는 까닭에 신앙을 거룩한 진리라고 하며 믿음의 뿌리라고 한다.

『성유식론成唯識論』

불교는 오염되어 있는 자아의 정화와 개발을 설한다. 그리고 소란스러운 외부에서 진실을 찾기보다는 먼저 자신의 진정한 평화를 배우고 행동하라고 가르친다. 이와 같은 가르침이 전제하고 있는 것은 바로 의혹을 이긴 믿음이다. 의혹이란 진실을 바르게 보지 못하고 불확실한 정보에 의존하고 있을 때 생겨나는 갈등이다.

이와 같은 갈등과 의혹에 시달리고 있는 마음으로 행동한다면 결국 남는 것은 혼란과 후회뿐이기 때문에 우리는 먼저 부처님의 가르침에 대한 믿음을 갖고 마음의 평화와 진실을 먼저 응시할 필요가 있다. 그대의 현실이 비록 이와 같은 응시를 견디지 못한다고 하더라도 부처님의 통찰을 믿고 따라 배운다면 그리 어려울 것도 없다. 우리에게는 부처님의 거룩한 가르침이라는 최상의 선물, 인생에 관한 가장 정확한 정보가 있지 아니한가?

사람은 어떻게 거센 흐름을 건널 수 있습니까? 어떻게 고통의 바다를 건널 수 있습니까? 그리고 어떻게 해서 완전한 청정의 경지^(解脫)에 도달할 수 있습니까?

사람은 신앙으로써 거센 흐름을 건너고 정진으로써 바다를 건넌다.
근면으로써 고통을 초월하고, 지혜로써 완전한 청정의 경지에 도달한다.

『숫타니파타^(sutta-nipāta)』게송 183·184

불교의 신앙은 인간을 타율적으로 심판하는 신에 대한 맹목적인 믿음이 아니다. 불교도의 신앙은 초기경전 『숫타니파타』가 설하는 바와 같이 지혜와 자비의 길을 열어 보이신 성스러운 부처님께 귀의하고, 성스러운 가르침에 귀의하며, 그 가르침을 수행하는 성스러운 승가에 귀의하는 기본적인 신앙을 바탕으로 불교를 수행하며 깨달음의 길에 대한 확신이다.

그러므로 우리가 주목해야 할 점은 적어도 불교도에 있어 종교의 의미는 타율적인 심판을 내리는 절대자에 대한 피조물로서의 예속을 의미하는 것이 아니라, 부처님의 가르침을 통해서 인간의 궁극적인 문제에 주목하고 삶의 여러 갈등과 문제들을 해결하는 고차적인 신앙과 수행의 체계라는 점이다. 그러므로 불교는 청정한 생각과 행위가 그대로 견고한 믿음의 길로 나아가는 문이라고 설한다.

해탈에 이른 보살에게는 네 가지 법이 있으니 무엇이 네 가지인가?

첫째, 보살에게는 불신심不信心이 없으며

둘째, 보살에게는 간탐慳貪이 없으며

셋째, 보살에게는 양설兩舌과 질투가 없으며

넷째, 보살에게는 해태심懈怠心이 없다.

『대승집보살학론大乘集菩薩學論』 권3

신청정信淸淨은 곧 반야이다. 반야바라밀의 가르침을 설하는 『소품반야경』 권5 「마사품魔事品」에서는 반야를 구하는 보살을 방해하는 악마의 이야기를 자주 설하고 있다. 악마는 온갖 수단으로 보살의 수행을 방해한다.

『방광반야경放光般若經』 권57에서는 심지어 악마가 부처님의 형상으로 나타나 보살의 신앙을 시험한다는 긴장감 넘치는 이야기가 실려 있다. "피마파순화작불상彼魔波旬化作佛像……"의 기사가 바로 그 이야기이다. 악마가 부처님의 모습을 빌려 보살을 유혹한다는 『방광반야경』의 기사는 형상만의 붓다 숭배에 관한 비판이며 환각의 유혹, 자기만족의 위험을 항상 안고 있는 대승의 모순을 경계하는 의미이지만, 보살이 바른 신앙과 반야를 얻기까지는 바로 자아라는 악마와도 싸우지 않으면 안 되는 위기를 포함하고 있다는 점을 긴장감 있게 잘 보여준다. 그러므로 우리는 안이하고 부주의한 마음으로 경전을 읽지 않는 것이다.

병과 건강

인간에게 생로병사가 있는 한 아프지 않은 사람은 없다. 육신의 병이든 마음의 병이든 병들지 않은 인간은 없다. 그래서 사람은 모두 인혹人惑과 물혹物惑의 병을 앓고 있다고 선禪은 설한다. 요즘 들어 주변에서는 노년, 중년, 청년을 가리지 않고 너무 많은 사람들이 앓고 있다. 지나친 속도로 가지를 많이 치는 문명의 피로 속에서 살아가는 현대인들에게 심신의 안정을 해치는 장애가 많아졌다는 사실의 반증일 것이다. 누구에게나 한번 마음의 평정이 깨지고, 육신의 기능적 질환이 생기면 자기회복을 위한 오랜 시간과 노력이 필요하다.

그러나 순수한 불교적 관점에서 본다면 마음의 미혹도, 육신의 병도 사실은 모두 그릇된 행위들이 쌓이고 쌓인 업력에서 비롯된 것이다. 그 업력을 해소하고 평정과 건강을 되찾기 위해서는 얼마나 치열한 노력이 필요하겠는가. 그렇다면 경전이 설하는 심신의 건강이란 무엇이며 건강을 위해서 우리는 무엇을 해야 할 것인가?

탐욕은 가장 나쁜 병이고 애착은 가장 큰 슬픔이다.
이것을 참으로 아는 이에게 열반은 최고의 평화이다.
건강은 최고의 이익이며 만족은 가장 큰 재산이다.
믿고 의지함은 가장 귀한 벗이고
열반은 가장 높은 행복이다.

『법구경』 203·204

모든 경전이 그렇지만 진리의 말씀이라 불리는『법구경』은 부처님의 역사적인 원음을 담은 경전이라고 한다. 그만큼 『법구경』의 말씀은 소박하고 진실하다. 너무 소박하고 진실하기에 온갖 허위에 오염된 우리의 귀는 부처님의 말씀을 자칫 흘려듣기 쉽다.

모든 일은 당해봐야 대책의 필요성을 절감하듯이 우리는 몸과 마음에 깊은 병이 들고 나서야 부처님의 가르침은 따르지 않으면 안 될 진리의 말씀이라고 때늦은 후회를 하기 마련이다. 탐욕의 강도가 높아질수록 고통의 강도도 따라서 높아진다. 우리가 지금 앓고 있는 모든 병과 고통은 바로 탐욕과 애착의 강도에 정비례하는 것이다. 지금이야말로 이 파멸적인 공식을 깨닫고, 인생의 최고 이익이야말로 건강이며, 만족할 줄 아는 것은 가장 큰 재산이어서 우리를 신앙과 깨달음의 드높은 행복으로 인도한다는 부처님의 말씀에 귀 기울여야 할 때이다.

이렇게 지치고 나약한 몸으로는
최고의 존귀한 진리를 구할 수 없다.
정미精微한 음식을 조금이라도 먹어서
신체를 강하게 돌보자.
기력이 충만한 후에 도를 수행할 수 있지 않겠는가?
마땅히 정미한 음식을 먹으리라.

『증일아함경』 23

부처님은 출가 이후 6년 간 극심한 고행을 체험한다. 신체의 모든 뼈가 앙상히 드러난 고행상苦行像도 있거니와 부처님은 한때 그야말로 기진맥진하여 걷지도 못할 정도로 기력이 쇠진한 때가 있었다. 그때 부처님은 자신의 심경을 이렇게 말씀하셨다. 즉 이 육신을 사용해서 해탈의 도에 이르려면 바로 강인한 체력이 필요하며, 깨달음을 위해서는 이 몸을 학대해서는 안 된다는 것이다. 왜 아니겠는가? "건강한 육체에 건강한 정신이 깃든다"는 흔한 말처럼 불교의 진리는 건강한 몸과 마음에 깃든다. 그것은 육신에 대한 집착이 아니라, 자비와 지혜의 가르침을 닦고 깨닫고 실천해 나가기 위한 최초의 전제이다.

일체중생이 병들었기 때문에 나 또한 병들었거니와
일체중생의 병이 나으면 곧 나의 병도 나으리라.
왜냐하면 보살이 중생을 위하여 생사에 들었나니
생사가 있음에 병도 있거니와
중생의 병이 나으면 곧 보살도 다시 병들지 않으리라.

『유마경』「문수사리문질품」

유마거사는 "보살의 병은 큰 자비에서 생긴다"라고 말한다. 이처럼 불교의 따스함은 근본적으로 '아기의 병을 대신 앓을 수만 있다면…' 하고 바라는 엄마의 심정처럼, '대수고代受苦'의 가르침에서 유래한다. 불전에서는 부처님을 의사들의 왕(醫 E. Vaidyaraja)이라고 부르며, 초기불교의 사성제四聖諦도 자비의 극한을 설하는 대승의 교법들도 중생이 앓는 병의 원인과 상태, 진단과 치료에 관한 원리를 바탕으로 삼는다. 그래서 불교는 중생의 병을 함께 앓는 보살의 한없이 따스한 자비와 그 병을 치료하기 위한 얼음처럼 차가운 지혜의 칼을 함께 가진 종교인 것이다. 『팔만대장경』은 결국 중생의 병을 치료하는 불교라는 종합병원의 임상보고서라고 불러도 좋을 것이다.

눈으로 보는 것에 탐내지 말라.

저속한 이야기에서 귀를 멀리 하라.

맛에 탐착하지 말라.

세상에 있는 어떤 것이라도 내 것이라고 고집하지 말라.

고통을 겪을 때라도 수행자는

결코 비탄에 빠져서는 안 된다.

생존을 탐내서는 안 된다.

무서운 것을 만났을 때에도 떨어서는 안 된다.

병이나 굶주림, 추위나 더위를 견디어야 한다.

저 집 없는 사람은 그런 것들의 침입을 받더라도

용기를 가지고 굳세게 살아야 한다.

『숫타니파타』922~923·966

『법화경』「비유품」에서는 "삼계는 평안하지 않아서 마치 불
타는 집과 같다. 모든 고통이 충만하여 가히 두렵나니 항
상 생로병사의 불길이 쉬지 않고 타오른다"라고 이 세상의
모습을 그려낸다. 하지만 오늘 이 세상의 비참함과 고통은
실로 삼계화택三界火宅이라는 말로도 부족하다. 수행자는 바
로 비참한 세상, 소리 없는 고통의 절규로 가득 찬 이 세상
에서 물러나지 않고 불도佛道를 구하는 사람이다. 그러므로
수행자는 부디 사려 깊고 건강하며 자비로워야 한다. 초기
경전『숫타니파타』가 전하는 이 말씀 또한 이 병들어 문드
러져 가는 세상에서 불자가 살아가는 길을 설하고 있는 것
이다.

경전^{經典}

경전 經典

경전은 불교의 표상이며 불교가 전해진 광대한 지역, 모든 시대의 문화적 성과와 지혜의 보고寶庫다. 또한 경전은 불교가 전망하는 인간의 삶과 그 의미, 인간의 운명과 고통, 해탈에 관한 진리의 말씀을 담고 있다. 저 심원한 불교교리도 불상도, 절도, 탑도, 불교의식도 모두 경전에서 유래한 것이다. 그러므로 천태지의는『보살계의소』에서 "경전은 바로 불모佛母이니 마땅히 공양하지 않으면 죄를 범한다"라고 설한다.

경전을 읽지 않는, 수지독송하지 않는 불교란 부처님의 말씀이 없는 불교이다. 하지만 지금 우리 현대 한국의 불교는 경전을 읽지 않아도 되는 기형적인 신앙체계가 주류를 이루고 있다. 마음만 깨달으면 되지 경전에는 별것이 없다는 오만은 그 자신의 비극이기도 하지만 불교의 비극이기도 하다. 왜냐하면 부처님의 가르침을 읽고 자신의 인생과 신앙을 성찰하며, 현실을 전망하는 불교도로서의 혼이 없다면 혼수상태에 빠진 환자와 전혀 다를 바가 없다. 혼의 죽음으로 인한 사상의 퇴행은 바로 언어의 죽음이다. 죽은 언어의 바다에서 불교의 가르침은 생동할 수가 없는 것이다. 더욱이 이미 죽어버린 언어로써 살아있는 포교를 이룰 수는 없는 것이다. 그러므로 우리는 지금보다 더한 노고를 바쳐 경전을 읽고 대중들이 수지할 수 있는 불교의 사상과 신앙, 문화와 의례를 생성하고 조명해야 하는 것이다. 그러므로 경전을 읽는다는 것은 불법의 빛이 번져간 불교 원래의 무늬를 복원하는 작업인 것이다.

여래께서 설하신 경전은
모든 중생을 고뇌에서 해탈로 이끄시기 위한 것이다.

『법화경』「여래수량품」

경전經典

이 말씀의 원문은 "如來所演經典 皆爲解脫衆生"이다. 불교 경전의 의미를 명료하게 정의해 주는 명구이다. 원래 섬유의 종선縱線을 뜻하는 인도의 수트라Sūtra가 중국에서는 영원한 진리 또는 성인의 말씀을 의미하는 경전이 되었다. 그러므로 승조僧肇 법사는 『주유마경註維摩經』 권1에서 "경이란 영원한 것이다. 고금이 비록 다르나 깨달음의 도는 인위적으로 고칠 수 없는 것이다. 모든 사악한 것들이 능히 방해하지 못하고, 뭇 성인과 더불어 다르지 않으므로 영원하다고 하는 것이다"라고 쓰고 있다.

일요일 교회를 찾아가는 기독교인들의 손에는 성경이 들려있다. 그리고 절을 찾아가는 불교신자의 손은 빈손이거나 아니면 쌀과 양초가 들려있다. 물론 이 대조적인 현상만으로는 신앙의 깊이가 가려지지는 않는다. 그러나 여기에는 무엇인가 중요한 것이 빠져 있으며, 부처님의 가르침과는 상관없이 자신이 원하는 것만 얻으려는 배리감이 분명히 느껴진다.

만약 어떤 악인이 좋지 않은 마음으로 일 겁 동안 부처님 앞에서 항상 부처님을 헐뜯으면 그 죄는 오히려 가볍거니와 만약 어떤 사람이 한 번이라도 나쁜 말로 재가와 출가가 이 법화경을 독성하는 것을 비방하고 헐뜯으면 그 죄는 더욱 무거우니라.

『법화경』「법사품」

『법화경』의 수지독송과 설법의 존엄을 강조하는 이 기술은 확실히 경전이 교조를 초극해버리는 경우를 보여주고 있다. 이 세상 어느 종교의 경전이 이와 같은 최상의 평가를 받고 있는 것일까? 이와 같이 경전의 존엄을 최대한 강조한 이유는 형상만의 붓다 숭배에 대한 비판이며, 보살행과 진실된 언어에 대한 확신을 보여주기 위한 것이다.

그러므로 『법화경』「방편품」은 "모든 부처님은 일대사인연一大事因緣을 위해 세간에 출현하셨다"라고 부처님이 존재이유를 설명할 수밖에 없었으며, "이와 같은 미묘법을 제불여래께서 설하시는 것은 마치 우담발화優曇鉢華가 한번 나타나는 것과 같다"라고 설하는 것이다. 그렇다면 『법화경』이라는 경전은 불설佛說을 담은 언어의 경전이라는 영역을 넘어서 있다. 즉 이 경전 그 자체가 중생들을 해탈의 길로 이끄는 지표인 것이다. 이 점이 바로 대승경전을 대승경전답게 만드는 것이다.

수보리여, 이 경을 설함에 있어서는 사구게^{四句偈} 등에 이르기까지 마땅히 알아야 하느니라. 이곳은 모든 세간의 천^{天}, 인^{人}, 아수라 등이 다 응당 공양하기를 부처님의 탑묘^{塔廟}와 같이 하거늘, 하물며 사람에 있어 이 경을 수지하고 독송함에 있어서랴!

수보리여, 마땅히 알지어다. 이 사람은 가장 높고 제일가는 희유한 법을 성취하노라. 만약 이 경전이 있는 곳이라면 그곳이 곧 부처님과 혹은 존중받는 제자가 계신 곳이라 할 것이다.

『금강경』「존중정교분^{尊重正敎分}」

경전經典

경전을 읽어야 한다. 우리는 경전을 읽고 경전의 가르침을 자신의 정신으로 가꾸어 더욱 풍요한 불교도의 인생을 살아가지 않으면 안 된다. 그리하여 저 별들의 빛이 아주 오래 전에 자신의 별을 출발하여 우리들에게 오고 있듯이, 지금도 영겁의 세월을 지나 우리에게 오고 있는 부처님의 지혜와 자비의 빛을 따라 걸어야 한다. 『율장』에는 이런 이야기가 실려 있다.

부처님 재세시에 '푸르나^{pūrna}'라고 불리는 무역업자가 있었다. 그가 무역을 위해 바다를 항해하고 있던 어느 날 밤, 뱃전에서 한 상인이 무언가 말씀을 외우고 있었다. 푸르나는 물었다.

"무슨 말씀을 외우십니까?"

"부처님의 말씀입니다."

자신의 분방한 인생을 압도하는 그 무엇인가가 푸르나의 가슴을 흔들었던 것이다. 푸르나는 그 밤을 뱃전에서 새웠다. 무역이 끝나고 귀국한 그는 배에서 내리자마자 부처님을 찾아가 출가한다. 경전을 염송하는 소리를 듣고 회심^{廻心}한 푸르나는 항해무역을 통해 모은 재산을 포기하고 진리의 바다에서 새로운 항해를 시작한 것이다.

만약 부처님의 가르침을 연구하고자 보장寶藏을 찾아볼 때는 낱낱의 모든 것을 자기에게 돌려 녹여내어 언어가 참다운 마음에 그윽하게 합일되어야 한다. 다만 중요한 것은 말뜻에 집착하거나 문구를 따라서 견해를 일으키지 않는 것이다. 바로 모름지기 경전을 찾아서 읽되 본래적인 진리에 계합한다면 곧 무사지無師智가 현전할 것이며, 천진天眞의 도에 어둡지 않을 것이다.

『종경록宗鏡錄』권1

이 글을 쓴 영명연수(永明延壽, 904~975)는 경전연구자, 불교연구자가 체득해야 할 자기준거를 명쾌하게 밝히고 있다. 흥미로운 점은 요즘 쓰는 '연구'라는 말을 서두에서처럼 "若欲研究佛乘 披尋寶藏 一一須消歸自己"라고 이미 사용하고 있다는 점이다. 옛날에는 승가에서 하던 불교연구의 중심이 이젠 대학으로 옮겨졌다. 그러나 수행체험과 불교적 직관이 필요한 불교연구를 학자들에게 전부 떠넘겨버리고 "경전연구는 학자들이나 하는 것"이라고 비껴서 신간이나 베스트셀러를 찾아서 이 책 저 책 고르며 표류하는 지식방랑자가 되고 만 우리의 실정은 어떻게 설명하면 좋을까? 선은 인간의 마음을 가리켜 성품을 보아 부처를 이루게 한다는 선의 대전제가 불립문자不立文字를 표방한다. 그러나 역설적이게도 불립문자를 선언한 선에서는 말이, 문자가 그대로 사상이다. 말이 그대로 사상일 때의 그 엄격함을 그 누가 짐작이나 하겠는가?

현대 한국선韓國禪은 위기의 선禪이다. 이제 '깨달음'이라는 구호는 낡았다. 지금 "선이란 무엇인가?"라는 질문은 이미 진부하게 느껴질 정도로 선이야기가 입에서 입으로, 책에서 책으로 떠돌고 있다. 입심 있는 사람들은 저마다 선의 전문가, 선의 대가임을 자처하고 있으므로 여기서는 '선'의 효과나 거룩함에 대해서 재삼 열거하지 않겠다. 오늘 선은 마치 인스턴트식품을 가득 채워 놓고 언제든지 파는 사상의 24시간 편의점의 한 상품처럼 여겨지고, 오늘의 선불교는 본래의 일정한 방향성을 지닌 불교적 실천이나 전망도 없이 복제품만이 넘쳐난다. 선에 관한 대중의 관심은 순간과 겉치레만이 횡행하는 세속 문명 속에서, 자신을 성찰하는 깊이 있는 정신의 개안開眼을 갈망하는 대중들의 열망을 담보로 하고 있지만, 현대 한국선은 선을 운위云謂하는 장사치들의 상업주의에 실려서 운전학원에서 가르치는 기술이거나, 재미있는 콩트의 모음집이 되거나, 몽롱한 정신의 환상을 좇는 현대인들의 마취제 대용품이 되어가고 있다.

하지만 선은 만병통치약이 아니다. 대승불교 본래의 지혜와 자비를 망각한 선은 불교가 아니라 도교道敎다. 한국불교의 승가가 진정 한국불교의 정체성이 계속 선禪이라고 한다면 선의 실참實參과 불교적 가치를 회복해야 한다. 오늘 이 시점에서 정작 오늘 우리에게 필요한 것은 선이 아니라, 화두나 공안에 대한 알음알이가 아니라, 먼저 정직한 인간이 되는 일이다.

성 안 내는 그 얼굴이 최상의 공양이요
부드러운 말 한 마디 위없는 향기 되네
아름다운 그 마음이 부처님 마음이고
깨끗한 그 성품이 영원한 법신일세

面上無瞋供養具 口裏無瞋吐妙香
心裏無瞋是珍寶 無染無垢是眞常

『송고승전宋高僧傳』 권20, 「무착전無着傳」

당대唐代 화엄종의 학승 무착이 오대산에서 문수보살로부터 들었다고 전해지는 게송으로 일타스님의 『법공양문』에 수록되면서부터 불자들에게 널리 알려진 게송이다.

'문수동자게文殊童子偈'라고 불리는 이 게송은 일면 상당히 부드러운 어휘에도 불구하고 그 이면은 자기극복을 위한 깊고 격렬한 성찰이 숨 쉬고 있어서 선어록을 발췌하여 읊조리는 선법문禪法門보다도 훨씬 더 직접적인 선의 실존을 보여준다.

즉 이 게송은 선방의 좌복 위에 앉았을 때, 선어록을 읽을 때만 선을 수행하는 것이 아니라, 바로 성내고 증오하며 추악한 마음으로 살아가는 미친 듯한 일상의 혼란 속에서도 유연하고 순수한 마음으로 인간의 기품을 닦는 것이 바로 선이라고 설하고 있다.

후기 산업사회의 병목에 걸려 신음하는 일인칭 현대인, '나'의 무력함과 사회적 자기준거를 확립시키지 못하고 무한정한 물질적 욕구만을 향해 달려가는 현대인들에게 붓다와 조사스님들의 가르침을 전하기 위해서는 법사나 교수 자신도 잘 모르는 어렵고 현학적인 법문은 필요하지 않다. 삶에서 걸러진 불교의 향기와 아름다운 마음을 전하면 그것이 바로 전법인 것이다. 바로 이 게송의 말씀처럼.

선의 기쁨에 탐착하는 것은 바로 보살의 멍에이며
방편을 일으키는 것은 보살이 멍에를 푸는 것이다.

『유마경維摩經』「문수사리문질품文殊師利問疾品」

원문은 "貪着禪味是菩薩縛 以方便生是菩薩解"이다. 이 경구經句는 또 다른 방식으로 선에 탐착하고 있는 현대인들에게 대승불교의 가르침을 핵심으로 하는 선의 본질을 보여준다.

오늘 선에 관심 있는 현대인들은 사이버공간 속의 수많은 선禪사이트에 접속하고 그곳에서 얻는 정보가 마치 선의 진수인 것처럼 여기고 있다. 그러나 사이버공간의 인터넷 선은 하나의 매체일 뿐이다. 간단히 말해서 인터넷 선은 하나의 도구적 기능을 가진 정보매체로서 기능할 뿐, 바로 자신이 직접 몸으로 부딪쳐 체구연마體究鍊磨해야 하는 선은 아니라는 이야기이다.

이 말은 결국 아무리 많은 선 매니아와 학자, 인터넷 선이 있더라도 전 생애를 다 바쳐 온몸으로 선을 실참하고 구현하는 선자禪者와는 비견될 수 없다는 이야기이다.

아무리 선불교에 관한 정보가 컴퓨터에 의해서 대량으로 유통되고, 아무리 선 입문서들이 산더미처럼 출판되더라도 대승불교의 강인한 인간주의에서 출발한 선의 '내심자증內心自證 자각성지自覺聖智'라는 대주제가 일상의 실천으로 이행되지 않는다면 선은 동양사상의 아류로 전락한 채 '깨달음'이라는 허망한 독백만을 일삼게 될 것이다.

종교宗敎·자유自由·삼매三昧·화두話頭

본산本山·무심無心·점심點心·견해見解

구두선口頭禪·자각自覺·소식消息

대중大衆·공부工夫·투기投機·소득所得

이 단어들은 자신도 모르게 사용하고 있는 일상 속의 선 용어들이다. 현재 우리들이 자주 사용하고 있는 일상용어들 가운데에는 선불교에서 걸러지고 대중화된 용어들이 무척 많다. 예를 들어, 지금은 비록 이와 같은 선의 용어들이 신문지상에서 '재계의 본산本山, 전경련' 또는 '청소년 문제는 우리 사회가 풀어야 할 화두', '부동산 투기', '정책만 앞선 구두선口頭禪'이라는 식으로 사용되어, 원래의 내포와는 달리 쓰인다고 하더라도 일상생활과 불교의 이상적인 경지를 분리시키지 않고 하나로 본 선불교의 강한 실천성을 잘 보여주고 있는 사례라고 할 수 있다.

즉 이 선의 용어들은 경전이나 경전의 주석서에서 나온 말들이 아니고, 선의 길을 걸어간 선승들 자신들의 수행체험과 선에 관한 안목을 담고 있어서 이 선어들을 잘 검토해 보면 선의 본질을 규명할 수 있는 것처럼, 일상생활에서 사용되고 있는 언어는 그 나라 문화의 기원과 척도를 나타낸다.

그러므로 '이 용어들이 어쩌면 이토록 대중의 일상용어로 이행되고 정착되었는가?'라고 생각해 보면 그만큼 동양인의 무의식 깊은 곳에 뿌리내린 선문화의 한 단면이 살아서 숨 쉬고 있음을 누구도 부정할 수 없을 것이다.

어느 날 육긍대부^{陸亘大夫}는 남전선사에게 물었다.

"스님, 저 뛰어난 승조^{僧肇}법사는 '하늘과 땅이 나와 더불어 한 뿌리이고, 온 누리는 나와 더불어 한 몸이다^(天地與我同根 萬物與 我 一體)'라고 말했습니다만, 무슨 뜻입니까?"

뜰에는 모란꽃이 가득 피어 있었다.

남전은 뜰 가득히 피어 있는 모란꽃을 가리키며 조용히 말했다.

"대부, 요즘 사람들은 이 모란 꽃송이들조차도 꿈속에서 바라보고 있네."

『벽암록^{碧巖錄}』제40칙 「남전일주화^{南泉一株花}」

육긍대부가 남전선사에게 그 의미를 물은 승조의 언구는 원래 『장자』 「제물론^{齊物論}」의 "하늘과 땅은 나와 더불어 동일한 근원에서 생겨났고 만물은 나와 더불어 하나이다"에서 유래되었다. 그러나 남전은 모든 존재의 초월적인 동일성을 설하는 형이상학마저 벗어나 있다. 남전은 육긍대부가 '동근'이나 '일체'라는 형이상학적 명제에 매달리고 있는 것을 보았다. 그래서 남전은 "그대는 마음의 깨달음처럼 있는 그대로인 저 모란꽃 한 송이조차도 꿈속에서처럼 허망한 분별을 씌워서 보고 있네"라고 지적하며 개념에만 이끌린 육긍을 조용히 일깨웠다.

경전의 언구이든 마음의 깨달음이든 자신의 실존이 없이 모방으로 그친다면 그 웅장한 대장경도 번뇌의 대백과사전일 뿐이다. 자기정체성이 부족하고 무언가 소속감이 필요한 현대인은 언구에만 집착하는 것이 아니라 조직에도 집착한다. 시중의 선 집단에서는 아예 파당을 짓는 사람들도 생겨나고 있다. 결국 우리는 단추를 누르면 곧 씻겨 내려가고 말 수세식 변기의 오물과 같은 번뇌의 찌꺼기들을 끌어 모으기 위해 그토록 여러 갈래 길을 헤매고 있는 것이다. 아아, 경허. 언제인가 경허는 한 설법에서 자문한다.

"허공의 별들이 모두 잠들었을 때 / 유정과 무정을 다 집어삼키고 / 다시 집어삼킬 물건이 없어서 / 사방으로 굶주리며 헤매이니 / 이 무슨 도리인가?"

연기 緣起

불교가 너무 난해한 사상과 고행을 설하는 종교라며 아예 관심조차 없다고 말하는 젊은이들이 지금의 속도로 계속 늘어난다면 현대 사회에서 불교의 심원함은 이제 퇴색해 버린 이상주의자들의 꿈에 지나지 않게 될 것이다. 정작 중요한 인간과 수행, 삶을 함께 아우르는 운동보다도 옛 영광을 찬미하며 고담준론을 일삼는 지금의 현상은 역설적으로 불교가 본래 지니고 있는 창조적인 열정과 탐구의 정신이 사라지고 있다는 것을 입증한다.

우리는 지금부터라도 가장 기본적인 교리를 하나하나 깊이 있게 공부하고 부처님의 말씀이 우리가 항해하는 어두운 고해에서 길을 비추는 등대와 같은 빛을 발하도록 노력해야 한다. 우리는 불교의 인간 이해를 가장 깊이 있게 설하는 연기緣起의 교리 하나만이라도 제대로 공부해야 할 필요가 있다. 연기의 교법은 초기 경전에서 "연기를 보는 자 진리를 보고, 진리를 보는 자 연기를 본다(若見緣起者便見法 若見法者便見緣起)"라고 규정할 만큼 불교사상의 기초이며 그 교의적 전개가 아비달마, 화엄사상과 유식, 중관 불교 등의 광범위한 영역에서 이루어지고 있다.

비구들이여, 연기緣起의 법이란 무엇인가? 생生의 연緣으로부터 노사老死가 있다. 이 법은 여래의 출세와 불출세와 상관없이 인간 존재의 영원한 법칙이자 확법이며, 여래는 연기의 법을 깨닫고 이를 설하고 교시하여 명료하게 하였다. 그러므로 그대들도 보라. 생을 연하여 노사老死가 있고,… 이와 같이 진여성眞如性·불허망성·상의성相依性인 것을 연기의 교법이라고 한다.

남전대장경,『잡아함경』12

연기緣起

인연(因緣)이라는 말은 누구에게나 친숙하다. 그러나 인연이란 무엇일까? 물론 인(因)이란 결과를 낳기 위한 직접 원인이고, 연(緣)이란 외부적 조건이나 환경을 이루는 보조 원인이다. 좀더 단순하게 말한다면 우리에게 인연이란 어감은 그저 선연(善緣)이건 악연(惡緣)이건 자신과 관계를 맺는 연줄, 연분으로 다가온다. 그러므로 연기교법의 전제인 '인과 연으로 일어나는 것(因緣生起)'은 '이것이 있을 때 저것이 있고, 이것이 일어날 때 저것이 일어난다'라는 상의상관성(相依相關性)에서 출발한다. 그러나 불교에서 말하는 인연·인과·연기는 좀더 이와 같은 존재의 상의상관성에 대한 논리적 이해의 차원을 넘어 우리의 내면에 담긴 '인간이란 무엇인가?'라는 화두에 답변하고 있다. 그것은 바로 거북이가 등에 짊어지고 있는 단단한 껍질처럼 무거운 숙업을 짊어지고 사는 인간, 번뇌하는 인간에 대한 물음이기도 하다.

먼저 여기에 12연기를 적어둔다.

무명(無明, avijjā) : 미망(迷妄)·근본적인 무지(無知)
행(行, saṅkhāra) : 잠재의지, 맹목적인 의지
식(識, viññāṇa) : 분별의식, 육식(六識)
명색(名色, nāmarūpa) : 인식의 대상, 명칭과 형태
육입(六入, saḷāyatana) : 육근(六根), 안이비설신의(眼耳鼻舌身意)
촉(觸, phassa) : 접촉
수(受, vedanā) : 감수(感受)
애(愛, taṇhā) : 애집(愛執), 갈등(葛藤)
취(取, upādāna) : 집착, 소유의지
유(有, bhava) : 개체, 윤회의 생존
생(生, jāti) : 유한한 생명으로서 실존
노사(老死, jarāmaraṇa) : 고뇌, 죽음

이것이 있으면 저것이 있고, 이것이 생기면 저것이 생긴다. 무명無明으로 말미암아 행行이 생긴다. 행으로 말미암아 식識이 생긴다. 식으로 말미암아 명색名色이 생긴다. 명색으로 말미암아 육입六入이 생긴다. 육입으로 말미암아 촉觸이 생긴다. 촉으로 말미암아 수受가 생긴다. 수로 말미암아 애愛가 생긴다. 애로 말미암아 취取가 생긴다. 취로 말미암아 유有가 생긴다. 유로 말미암아 생生이 생긴다. 생으로 말미암아 노사老死가 생기고 우수·슬픔·고통·우울·고뇌가 생긴다. 이 모든 고苦의 일어남은 이와 같다.

이것이 없으면 저것이 없고, 이것이 사라지면 저것이 사라진다. 무명無明이 사라지면 행行이 사라진다. 행이 사라지면 식識이 사라진다. 식이 사라지면 명색名色이 사라진다. 명색이 사라지면 육입六入이 사라진다. 육입이 사라지면 촉觸이 사라진다. 촉이 사라지면 수受가 사라진다. 수가 사라지면 애愛가 사라진다. 애가 사라지면 취取가 사라진다. 취가 사라지면 유有가 사라진다. 유가 사라지면 생生이 사라진다. 생이 사라지면 노사老死가 사라지고 우수·슬픔·고통·우울·고뇌가 사라진다. 이 모든 고苦의 사라짐은 이와 같다.

남전대장경, 『무문자설無問自說』

성도 직후 붓다의 선정 속에서 밝혀진 연기교법은 그 실천 수행면에서 순관연기順觀緣起, "~을 말미암아 ~이 생기는" 연기와 역관연기逆觀緣起, "~이 사라지면 ~이 사라지는" 연기라는 두 체계를 갖고 있다. 즉 순관연기란 무명에서 노사老死에 이르는 업·번뇌·생사의 진행 과정이며, 역관연기란 노사老死의 길로 나아갈 수밖에 없는 인간이 지혜의 수련을 통해 무명의 지멸止滅에 이르는 해탈의 과정이다.

인간의 생존과 심리구조에 관한 이해를 반영하는 12연기의 교법은 초기불교 이후 전개되는 불교철학사에서 12연기의 순관과 역관, 무명과 해탈의 전환체계, 존재의 상의상관적 원리, 외도外道의 유물론과 유신론 비판, 선정수행禪定修行의 강조(獨一靜處 專精禪思)와 같은 교리적 특징을 전제로 전개된다.

뭇 인연으로 생긴 법을
우리는 곧 공이라고 설한다.
또한 이것은 가명이며
또한 중도인 것이다.

衆因緣生法 我說卽是空
亦爲是假名 亦是中道義

어떠한 존재도 연기의 법칙에 의해
생겨나지 않은 것은 없다.
그러므로 어떠한 존재도
공 아닌 것은 없다.

未曾有一法 不從因緣生
是故一切法 無不是空者

『중론中論』「관사제품觀四諦品」제18·19 게송

우리는 연기緣起를 "이것이 있으면 저것이 있고, 저것이 생하므로 이것이 생한다. 저것이 없을 때 이것이 멸한다"라는 상의상관의 법칙을 논리 관계로만 이해하고 있다. 그러나 이 상의상관성의 논리 관계로만 연기緣起를 바르게 이해할 수 있는 것은 아니다. 오히려 존재는 상의상관성의 연속적인 무한이라는 실재론적 무한소급의 오류에 빠지게 되는 것은 아닌가? 무한소급이란 어떤 것을 설명하기 위한 가정이 또 다른 가정을 낳고 그 가정을 설명하기 위해서 또 다른 가정이 무한히 반복되는 것을 의미한다. 이것을 『중론』에서는 아나바스타(anavastha, 無窮)라고 한다.

이처럼 우리는 언어와 논리가 서로 엉켜서 희론(戱論, prapanca)이 끝나지 않는 무한소급의 오류에 빠지게 될 위험을 눈앞에 두고 있는 것은 아닌가? 그러므로 『중론』에서는 존재의 법칙은 연기이며, 연기의 본질은 공空이며 중도中道라고 설하는 것이다. 이 점은 연기의 실천윤리, 행위의 자기 책임 귀속문제, 즉 불교의 실천윤리와도 깊은 관련을 맺고 있다. 이 문제에 대한 우리의 깊은 사유가 필요하다.

선남자여, 제불 세존에게는 세 가지 몸이 있다. 이르되 법신法身·수용신受用身·화신化身이다. 여래의 열반 후 만약 이 삼신三身에 공양하고자 하는 자는 마땅히 사리를 공양할 것이다. 그러므로 사리에는 두 가지가 있다. 첫째는 신골사리身骨舍利이며 둘째는 법송사리法頌舍利이다. 법송사리는 곧 게송으로 설하여 가로되,

모든 법은 연기를 따르나니
여래께서는 이와 같은 인연과
그 법의 인연이 다하는 것을 설하시나니
이것이 바로 대사문의 설법이네.

諸法從緣起 如來說是因
彼法因緣盡 是大沙門說

이와 같은 법송을 서사하여 탑 안에 안치하라.

『욕불공덕경浴佛功德經』

연기緣起

당唐의 의정(義淨, 635~713)스님이 역출한 『욕불공덕경』에서는 연기교법을 설하고 있는 게송을 법송사리法頌舍利라고까지 정의한다. 즉 모든 불교교학의 넓이와 깊이를 20자의 게송으로 압축한 연기의 법송이야말로 불교사상의 진수이자 법의 사리라는 것이다. 그리고 이 법송을 서사하여 탑 안에 안치해야 한다는 불교의례의 사상적 틀을 조명해 준다. 「경주석장사지출토탑상문전명慶州錫杖寺址出土塔像紋塼銘」이 바로 이 게송이며 「서산보원사지오층석탑사리갑명瑞山普願寺址五層石塔舍利匣銘」에 각인된 게송도 바로 이 법송이다. 그들은 인간에 관한 불교의 근본적 통찰이 담겨 있는 연기의 게송을 서사하고 각인하여 그들이 영원한 생명을 희구하며 세웠던 탑 안에 봉안하고 있는 것이다.

이처럼 한국불교의 문화적 원형을 들여다보면 연기를 삶의 준거로 삼았던 옛 불교인들의 지성知性과 신앙의 깊이가 읽혀진다. 신라와 백제, 고려의 경우처럼 불교가 그 시대의 정신으로 선택되고 삶의 드높은 준거가 되었다는 사실은 오늘 우리에게 무거운 과제를 제시한다.

해탈 解脫

불교의 다양한 수행 체계에서 가장 일차적인 목표는 번뇌와 악업의 속박에서 벗어나 해탈解脫을 증득하는 것이다. 불교의 근본 문제로서 해탈이라는 말은 널리 알려져 있다. 그러나 우리는 해탈이라는 말을 너무 안이하고 추상적이며 신비한 어감을 갖는 불교 용어로만 생각해 왔으며 그 결과 해탈은 현실의 초월이나 도피를 의미하는 사어死語가 되고 말았다.

하지만 해탈은 그렇게 신비적이거나 집중적인 수행을 통해서만 이룰 수 있는 것이 아니며, 수만 가지 멍에에 묶여있는 현대인이야말로 해탈이 필요한 존재들인 것이다.

바로 지금 이 자리에서 당신의 마음상태, 욕구에 대해 사색하고 탐진치貪瞋癡로 오염되어 있는 불순한 에너지와 거품을 걷어내면 해탈은 그렇게 추상적이거나 신비한 것만이 아니라는 것을 깨닫게 될 것이다.

운나바 바라문이 부처님께 물었다.

"오근五根은 무엇을 목적지(歸趣)로 합니까?"

"오근은 염念을 목적지로 하느니라."

"염은 무엇을 목적지로 합니까?"

"염은 해탈을 목적지로 하느니라."

"해탈은 무엇을 목적지로 합니까?"

"해탈은 열반을 목적지로 하느니라."

남전대장경, 『상응부경전相應部經典』48,12

해탈을 의미하는 범어 '모크샤moksa', '비모크샤vimoksa', '비무크타vimukta', '비무크티vimukti'라는 단어들은 모두 '풀다', '해방되다', '자유롭다'를 의미하는 범어 동사의 어근 '무츄muc'라는 동사의 어근에서 파생된 용어들이다. 우리에게 알려져 있는 해탈解脫이라는 한역어漢譯語 역시 원래는 '형틀을 풀고 석방하는 것', '감옥에서 석방되다'라는 의미로 사용되었던 중국 고전 『사기史記』의 용어였다. 삶에 관한 불교의 지혜를 가장 함축적으로 전달하고 있는 해탈과 열반은 같은 본질을 다른 이름으로 부른 동체이명同體異名이다.

아무리 드높고 정교한 정보라고 할지라도 인간의 기본적인 학습은 위에서 인용된 경전의 말씀처럼 눈, 귀, 코, 혀, 신체적 지각을 통해서 이루어진다. 그리고 이 학습의 결과가 생각으로 정리되는 것이다. 인간의 생각이 어떤 방향을 갖게 되면 생각의 최종 목적지는 바로 해탈이다. 왜냐하면 인간의 마음에는 자신의 사념으로 만들어 놓은 번뇌와 악업에 찬 환경을 초월하여 더 높은 차원의 지혜로 이동하려는 의지가 내재되어 있기 때문이다. 그러므로 『사익경思益經』에서는 "눈이 바로 해탈의 문이며 귀, 코, 혀, 몸, 뜻 또한 해탈의 문이다(眼是解脫門 耳鼻舌身意是解脫門)"라고 한다. 불교는 자유와 평화의 가르침이다. 따라서 해탈은 자유이며 열반은 평화이다.

마음은 이미 평화에 이르고
언행 또한 잘 다스려서
바른 해탈을 따르면
마침내 고요하여 열반에 이르네.

心既休息 言行亦止
從正解脫 寂然歸滅

『법구경』

해탈解脫

현대인은 누구나 수만 가지 굴레에서 해탈을 원한다. 그러나 불건강한 탐욕과 분노, 필요 이상의 욕망을 해결하면 인생이 행복해질 것이라는 환상을 놓지 못하는 한 우리는 해탈의 자유를 누릴 수 없다. 현대인의 아뢰야식에 축적되어 있는 삶에 관한 잘못된 정보들은 결국 막대한 심리적, 물질적 자원을 헛되게 소비하고도 어떠한 해결의 길도 보여주지 않고 있다. 그래서 물질적 욕망과 갈망의 끝에서 삶에 관한 아무런 길도 발견하지 못하고 절망한 서구인들은 해탈의 가르침인 불교의 가르침에 눈을 돌리고 있는 것이다. 그들은 고도 산업사회의 낭비와 과잉사치, 무분별에 대한 혐오와 인간의 야만성에 절망한 나머지 불교적 해탈의 길을 모색하고 있다.

해탈이란 임제선사가 장중한 어조로 선언했듯이 "물혹物惑과 인혹人惑의 속임수를 넘어서 자신의 길을 가는 것"이다. 그리고 여기에 자신의 인생을 재고용품으로 바겐세일하지 않는 진정한 인간의 삶이 있는 것이다.

비구들이여, 탐욕을 여의는 것을 마음의 해탈(心解脫)이라고
한다. 무명을 여의는 것을 지혜의 해탈(慧解脫)이라고 한다. 만
약 비구가 탐욕을 초월하여 마음의 해탈을 스스로 체득하고
증명하며 무명을 초월한 지혜의 해탈을 체득하면
바로 이름하여 애욕의 묶임과 번뇌의 매듭을 끊은 것이라고
하나니
마침내 고통의 끝을 볼 것이다.

『잡아함경雜阿含經』 26:72

해탈解脫

초기 경전에서는 두 가지의 해탈에 대해서 자주 설하고 있다. 즉 마음의 해탈(心解脫)과 지혜의 해탈(慧解脫)이다. 바로 탐욕에서의 해탈은 마음의 해탈이며 무지에서의 해탈은 지혜의 해탈이다. 이처럼 해탈을 두 가지로 구분한 까닭은 인간을 고통 속으로 몰아넣는 것이 근본적으로 탐욕과 무지이기 때문이다. 탐욕과 무지를 극복하는 정교한 인간론으로서 초기불교의 교리적 특성을 잘 보여주고 있는 것이다. 우리가 나날의 일상 속에서 마음의 해탈과 지혜의 해탈을 거듭할 수만 있다면 고여서 썩고 있는 우리의 심신을 정화하고 바로 해탈의 지혜에서 삶의 자유와 삶의 힘이 나온다는 것을 깨닫게 될 것이다. 그리고 지금 과잉소비와 집단이기주의에 사로잡혀서 아수라장이 된 우리 사회는 다른 무엇보다도 '십우도'의 목동이 잃어버린 소를 찾는 여행 끝에 마침내 자신의 자리로 돌아오듯이 갈등을 풀어갈 수 있는 마음의 해탈, 지혜의 해탈을 필요로 한다.

해탈은 바로 출리^{出離} 열반이니
곧 광대한 공^空을 이름하여
해탈의 문^{解脫門}이라고 하며
이 문에 의하여 정토에 드는 것이다.

『불지경론^{佛地經論}』

해탈解脫

우리나라 사찰의 입구에는 해탈문이 있다. 즉 부처님의 가르침이 설해지고 수행하는 도량인 절은 바로 해탈의 법계를 상징하는 것이다. 그러나 문제는 그 "해탈의 법계로 통하는 해탈문이 과연 열려있는가?"라는 것이다. 고해의 중생들에게 열린 불교가 아니라면 그 해탈문은 상징적인 건축물에 불과하다는 것은 자명하다.

해탈하면 고고하고 청수한 신선이 되는 것이 아니다. 선과 악, 불교와 비불교, 삶과 죽음도 구별하지 못하는 해탈은 오히려 끝없는 방종에 불과하다. 그러므로 『대집경』 권13 「불가설보살품」은 "해탈의 구덩이에 빠지면 자신과 타인에게 모두 도움이 되지 않는다(墮解脫坑 不能自利及他利)"라는 경고를 발하고 있다.

해탈은 사회화되어야 한다. 불교적 해탈의 사회화라는 명세를 깊이 생각한 불교가 바로 대승불교이다. 현대의 승가와 불교운동가들은 바로 이 불교적 해탈의 사회화라는 과제의 연속성을 잃지 말아야 하는 것이다. 서재나 강의실에서 고담준론으로 해탈을 논하는 지식인들보다도 오늘도 남의 눈물을 닦아주는 보살행을 쉬지 않는 이들이야말로 불교적 해탈의 사회화를 실천하고 있는 도인들이며 보살인 것이다.

무아無我

한 스님이 백장선사에게 물었다. "부처란 무엇입니까?" 선사가 반문했다. "묻는 그대는 누구인가?" 백장선사는 이렇게 자신의 불성을 깨우쳐주기를 구하는 한 선승의 질문에 "먼저 너 자신을 살펴라."라고 답변하고 있다. 이 대화에서는 정보화 사회, 상품주의 문명의 거센 물결 속에서 자아를 상실한 현대인들에게 먼저 그대 자신의 진정한 삶을 구하라는 순수하고도 즉각적인 가르침이 읽혀진다.

불교는 자기 탐구의 가르침, 자기 발견의 길(道)이다. 그러나 불교는 '제법무아諸法無我'를 설한다. 모든 것에 실재하는 자아란 없다는 가르침이다. 더욱이 무아의 교리는 초기불교부터 선禪에 이르기까지 매우 중시되는 가르침이다. 실재하는 자아가 없다면 자기 탐구의 가르침, 자기 탐구의 길이라는 불교의 가르침은 어떻게 된 것인가? 이 혼돈을 넘어서 보다 성숙한 불교의 이해를 위해서는 성실한 경전 읽기는 물론 교리를 이해하기 위한 지혜의 성숙, 안목 있는 불교의 교사들이 필요하다.

무엇인가를 '나의 것'이라고 집착하여
동요하는 사람들을 보라.
그들의 모습은 물이 메말라가는 개울에서
허덕이는 물고기와 같다.
이와 같은 모습을 보고
내 것이라는 생각에 집착하지 말아야 한다.

현자는 양극단에 대한 욕망을 다스리고
감관과 대상의 접촉을 잘 알아서 탐착하지 않는다.
자기 자신조차 비난할 나쁜 행위를 하지 않고
보고 듣는 일에 미혹되지 않는다.

『숫타니파타』 777·778

무아無我

삼독三毒의 사슬에 묶여 있는 '나의 자아'는 슬프다. 번뇌에 오염된 아집我執에 사로잡혀 덧없는 존재들을 영원하다고 생각하고 집착하며 소유하고자 하는 끝없는 욕망에 시달리기 때문이다. 우리의 집착과 소유욕이 강해질수록 거기에 다시 자신의 탐욕을 합리화시키는 문자언구로 욕망을 치장하지만 삶의 고통은 아무것도 해결되지 않고 오히려 고통의 강도는 더욱 높아져 간다.

그러므로 초기불교 이래 불교의 현인들은 인간의 무한정한 탐욕과 무지가 결국 인간으로서의 의식과 자유로부터 스스로를 소외시켜 나가며 심신의 이중고二重苦를 불러온다는 것을 지적해 왔으며, 불교가 설하는 무아의 교리는 이 지구상의 어떤 종교와 사상보다도 가장 직접적으로 오염된 자아와 그 결과에 대한 성찰을 요청하는 가르침이다. 나는 이 가르침을 해탈의 길이라고 믿는다.

'모든 마음의 움직임에는 실재하는 자아가 없다'라고
참된 지혜로써 성찰하여
고통의 원인을 깨달은 사람은
도를 행하는 그 자취가 청정하다.

『법구경』279

무아無我

이 게송의 원문은 "一切行無我 如慧之所見 若能覺此苦 行道淨其跡"이다. 분명히 무아의 가르침을 설하고 있다. 그렇다면 부처님께서 이 지상에서 자신의 그림자를 거두기 전 설하신 "자신을 등불로 삼고 진리를 등불로 삼으라(自燈明 法燈明)"라는 유훈과 『법구경』의 "전장에서 백만인을 이기는 것보다는 한 사람의 자신을 이기는 자가 진실로 최상의 승리자이다"라는 말씀 중의 자신·나는 무아와 같은 것인가, 다른 것인가? 모순 관계인가? 이와 같은 난제 때문에 이미 부처님 당시에 "만일 색(色)이 무상하고 수상행식(受想行識)이 무상하다면 살고 있는 자는 누구이며, 고락(苦樂)을 받는 자는 누구인가?"라는 질문이 제기되고 있었다. 그리고 현대인 역시 만약 자아가 없다면 누가 행위하고 있으며 선악의 윤리적 기준이란 무엇인가라는 의문을 품고 있는 것이다.

그러나 이와 같은 의문이 제기된 까닭은 교리 이해의 불명료함에서 비롯된 것일 뿐 자아와 무아는 모순 관계가 아니다. 불교가 부정하는 자아는 소유형(所有形)의 자아, 아집·아만·아견·아상에 뿌리를 두고 있는 오염된 자아일 뿐 안목과 지혜를 열어주고 해탈과 자비로 인도하는 자아, 즉 에고(Ego)를 소멸하고 오염된 자아를 극복한 '자신', '나'야 말로 확립해야 할 자아이다. 그러므로 참된 무아의 실천을 위해서는 에고를 극복한 자아, 삶의 중심에 대한 자각과 방향을 가진 자아의 성취가 필요한 것이다.

수보리여, 만약 보살이 "내가 마땅히 한량없는 중생을 제도하리라"라고 하면 곧 보살이라 이름하지 못할 것이다. 왜냐하면 수보리여, 실재하는 법이 없어야만 보살이라고 이름하나니, 이런 까닭에 부처님은 무아無我·무인無人·무중생無衆生·무수자無壽者를 설하느니라 ⋯ 수보리여, 만약 보살이 무아법에 통달한다면 여래는 그를 참다운 보살이라고 부르노라.

『금강경』「구경무아분究竟無我分」

무아無我

반야사상의 진수를 응집하고 있는 『금강경』은 무아를 설한다. 반야의 지혜는 청정한 것이어서 오염된 지식으로 형성된 자아, 술판의 귀동냥으로 무장되어 있는 지식인들의 자아와는 원초적으로 방향이 다르다. 우리는 보통 나, 나의 영혼, 마음과 같은 단어를 떠올리거나 사용할 때마다 그 단어에 합당한 인간 존재의 본질, 영속적인 실체가 있는 것으로 생각한다. 그것은 우리의 언어적 환상이 아뢰야식에 축적되어 있기 때문이다.

그러나 그러한 단어에는 자기중심적인 욕망이 투영되어 있으며 관념과 기억으로 인한 교묘한 트릭이 형성되어 있을 뿐이다. 그러므로 먼저 자신 스스로를 속이고 있는 자아의 트릭을 꿰뚫어 볼 수 있어야만 부처님의 가르침을 순수하게 성찰할 수 있는 인간적인 성숙이 이루어지는 것이다. 여기서 진정한 불도의 수행이 시작되는 것이다.

살과 뼈로 된 몸과 생각하는 마음이 끝없는 예부터 인연의
힘 때문에 찰나찰나 생멸하며 이어져서 그 무궁함이 마치
흐르는 물과 같고 활활 타오르는 등불과 같아서 몸과 마음
이 가합假合하여 하나인 것 같고, 영원한 것과 같으므로 어리
석은 범부는 그것을 깨닫지 못하고 집착하여 '나'로 여긴다.
그 '나'에 탐착하므로 탐욕과 분노, 어리석음의 삼독을 일으
키고 그 삼독이 의식을 오염시켜서 몸과 입을 발동하여 업
을 짓나니 그 업이 이루어지면 헤어나지 못하느니라.

종밀宗密『원인론原人論』

무아無我

『능가경』에서는 무아의 교리를 온전히 이해하는 두 가지 범주로서 이무아지二無我智를 설한다. 첫째는 실천적인 입장에서 설해지는 인무아人無我와 사상적인 입장에서 설해지는 법무아法無我이다. 인무아는 오염된 자아를 부정하고 에고의 소멸을 설하는 무아의 가르침이며, 법무아는 제법의 인연을 성찰하여 무자성임을 성찰하는 무아이다. 우리가 무아에 관한 바른 깨달음을 통해서 붓다의 길을 가고자 한다면 무아를 설하는 경전의 가르침을 읽고 자신의 삶을 통찰하는 선정禪定을 닦아야 한다.

하지만 에고의 올가미에 묶여 허덕이는 삶을 마치 폐수 속에서 등이 구부러지면서까지 처절하게 적응해가고 있는 물고기처럼, 그래도 이 환경이 행복하다고 여기고 사는 현대인들이 무아를 통찰한다는 것은 두려운 일임에 틀림없다. 그러므로 부처님께서는 초전법륜 직전에 "탐욕과 분노에 시달리는 사람들이 이 진리를 깨치기는 쉽지 않다. 이 가르침은 세상의 흐름에 역행하고 지극히 심원하며 보기 어려우므로 욕망에 집착하고 무지에 덮인 사람들은 이를 볼 수 없다"라고 탄식하고 있는 것이다. 그렇게도 우리의 미망은 질기고 숙업은 무거운 것인가?

무량수경이 설하는
다섯 가지 대악^{大惡}

『정토삼부경』의 하나인 『무량수경』은 정토왕생의 신앙과 발원을 바탕으로 극락의 장엄과 아미타불의 본원本願과 정토왕생을 설하는 극락정토의 경전이라는 점에는 누구도 이견이 없겠지만, 우리가 유의해야 될 점은 그 장엄한 정토에의 신앙을 설하는 만큼이나 역설적으로 우리가 살아가는 오탁악세의 악업과 미혹을 차가운 시선으로 설하고 있는 경전이라는 것이다. 『무량수경』에서는 상상력을 통한 극락極樂과 예토穢土의 대비가 아니라 우리의 일상에 바탕을 둔 인간의 다섯 가지 큰 대악大惡을 매우 리얼하고 명징하게 설하여 그 초극을 강조한다. 그러므로 『무량수경』의 오악단五惡段에 집중되어 있는 인간의 악과 시대에 대한 사실적인 비판은 시대와 국가를 초월한 실존적인 인간 응시가 담겨 있어서 우리의 가슴을 비수로 찌르는 듯한 가책과 전율을 불러일으킨다.

여기에 소개하는 오악단의 가르침은 필자의 한글 번역이다. 권하건대 한역 경전을 읽을 수 있는 분은 한역漢譯을 원전대로 읽어주기를 바란다. 비록 이 경전의 문체가 간고簡古하고 어의語義는 유원난해幽遠難解하더라도 원문의 깊이가 주는 깨달음은 아주 소중하다. 그리고 한역 경전을 아직 읽을 수 없는 분은 한역 불경의 공부가 언어의 수련 문제가 아니라, 자기를 스스로 일깨우고 불도를 닦는 가치 있는 수행이며 공부라는 것을 재삼 살피고 더욱 정진하기 바란다.

그 첫 번째 악이란 모든 천인과 인민들, 살아서 꿈틀거리는 무리들이 여러 가지 악을 짓되, 강한 자는 약한 자를 억누르고, 서로 번갈아 적이 되어 다투며, 잔인하게 해치고 살육하며 번갈아 서로 물어삼키며, 선을 닦을 줄 모르는 것이나니, 이와 같은 악역무도^{惡逆無道}는 후에 앙벌^{殃罰}을 받아서 자연히 악도^{惡道}로 향하느니라. 신명^{神明}이 기록하여 범한 자는 용서하지 않나니 혼신정식^{魂神情識} 자연히 악도에 떨어질 때는 마땅히 홀로 가지만 서로 쫓아가며 번갈아 나서 다시 서로 보복하며 악도 속에서 윤회하되, 벗어날 때가 없어서 해탈하기 어려운 고통은 차마 말로 하기 어려우니 하늘과 땅 사이에 이와 같은 일이 있나니라.

『무량수경』

제1대악은 잔해 살육하여 서로 번갈아 물어뜯고 삼키는 살생의 악업이다. 정토신앙의 본질은 구원이다. 정토신앙은 인간의 다섯 가지 대악이 끊임없이 이어지는 예토^{穢土}의 오염을 반성하고 자신의 나약함을 진솔하게 인정하는 인간, 숙업^{宿業}의 올가미에 묶여 있는 연약한 인간의 원초적인 모습을 성찰하는 가르침이다.

그러므로 인간 욕망의 어두운 나락을 깊이 응시하는 오악단^{五惡段}에서는 먼저 남을 해치는 인간의 죄업을 설한다. 살생을 거부하는 마음은 물론 자비심을 가슴에 품고 실천한다는 것은 그 얼마나 어렵고 지난한 것인가. 『무량수경』의 오악단에서는 인간의 다섯 가지 대악을 벗어나는 해탈의 도^道를 "사람이 능히 이렇더라도 한 마음으로 생각을 다스리고^(一心制意), 몸을 단정히 하여 바르게 행하며^(端身正行), 홀로 뭇 선을 닦아서^(獨作諸善), 뭇 악을 짓지 않아서 스스로 도탈^{度脫}하며 그 복덕을 얻어서 도세^{度世}, 상천^{上天}, 열반의 도를 이르나니"라고 설한다. 이와 같은 해탈의 도는 오악단 전체에서 제시되고 있다.

그 두 번째 악이란 세간인민과 부자형제, 가실부부가 도무지 의리^{義理}가 없으며 법도^{法度}를 따르지 않아서 사치, 음탕, 교만, 방종^(奢淫憍縱)하여 각기 쾌의^{快意}로 하고자 하는 대로 하며 스스로 자만하는 마음으로 서로 속이고 미혹하여 마음과 입이 각각 다르고 말과 생각에 진실이 없는 것이니라. … 위^位에 있는 사람은 지혜롭지 않아서 신하에게 임의대로 맡겨서 신하는 속이고 헐뜯는 일을 자재롭게 하나니 법도를 지켜서 그 형세^{形勢}를 알아야 하거늘, 위^位에 있는 자가 바르지 않아서 속이는 바 되어 망령되이 충량^{忠良}을 해치고 천심^{天心}에 맞지 않게 되느니라. … 도덕을 믿지 않고 선의 근본을 믿지 않고 지금 다시 악을 지으면 천신^{天神}이 그 명적^{名籍}을 새겨서 목숨이 다하여 혼신^{魂神}이 떠나면^(壽終神逝) 악도에 떨어져 자연히 삼도의 무량고뇌 속에서 전전하여 세세누겁^{世世累劫} 동안 벗어날 기약이 없어서 해탈하기 어렵느니라.

『무량수경』

제2대악은 항상 도심盜心을 품어서 사악한 마음뿐 바름이 없는 것이다. 오악단 전체에서는 신명神明 또는 자연이 인간의 모든 악행을 기식記識하여 죄업을 용서하지 않는다는 기사를 싣고 있다. 그렇다면 여기서 '신명기식神明記識', '천신각식天神剋識', '수지자연 응기소행數之自然 應其所行'이란 무엇일까? 살아있는 동안 인간의 모든 선악이 구생신(俱生神, Sahaja-deva) 또는 제8아뢰야식(阿賴耶識, ālaya-vijñāna)에 의해서 기록되고, 이 기록에 의해 지옥과 극락, 천당과 연옥, 지복의 세계와 죽음의 세계로 나뉜다는 것이다. 바로 당신의 도플갱어이며, 까르마의 도플갱어인 것이다.

옛 한국불교의 선지식이나 중국의 정토사상가들은 본 경의 '신명기식', '별기명적別其名籍'의 실체에 관하여 두 유형으로 해석해 왔다. 즉, '신명'을 제8아뢰야식으로 본 유식불교 계통의 정토사상가들과 '신명'을 구생신으로 본 불교가 있다. 구생신이란 일체중생에게는 모두 두 신이 있어서 우리의 오른쪽 어깨 위에 있는 동생녀同生女는 악업을 기록하고 왼쪽 어깨 위에 있는 동명남同名男은 선업을 기록하여 사천하四天下의 선신善神이 한 달에 여섯 번, 그 명적名籍을 기록하여 왕에게 주상한다고 하는 이야기이다. 구생신은 민간에서 희석되어 버린 불교가 아니라, 『화엄경』「입법계품」에서 "女人徒生有二種天 常隨侍衛 一曰同生 二曰同名 天常見人 人不見天"이라고 기록하고 있는 바와 같이 먼 연원이 있는 이야기이다.

그 세 번째 악이란 세간인민이 서로 의지하면서 하늘과 땅 사이에 함께 머물러 살지만 처년수명處年壽命은 얼마 되지 않는다. … 그러나 항상 사악邪惡을 품어서 오직 음욕만을 생각하고 번뇌가 가슴에 가득차서 애욕으로 교란交亂하며 앉으나 서나 불안하여 탐욕으로 미색을 곁눈질하여 자신의 처를 염증厭憎하고 사사로이 망령되게 출입하면서 가재를 소비하며 비법을 일삼는 것이니라. 또한 서로 무리를 만들어서 싸우고 공략하여 빼앗고 죽이나니 … 이와 같은 악업은 인귀人鬼에게 드러나며 일월日月이 밝게 비추어 보면 신명神明이 기식記識하여 자연히 삼도의 무량고뇌 속에서 전전하여 세세누겁토록 벗어날 기한이 없나니라.

『무량수경』

무량수경이 설하는 다섯 가지 대악大惡

제3대악은 항상 사악한 마음으로 애욕으로 교란(常壞邪惡 愛欲交亂)하는 악업이다. 정토신앙은 인간의 대악을 참회하고 탐욕과 무지, 항상 죽음의 그늘에 덮여 있는 유한한 예토에서 정토를 구현하려는 신앙이다. 그러므로 근본적으로 개인과 시대에 대한 성찰이 매우 준엄한 어조로 수행되고 있다. 특히 개인에 대한 성찰은 아주 철저하다. 한 경전에서는 우리의 미혹을 "중생은 처음 다가온 고통의 실체를 모르므로 즐거움으로 여긴다. 그러나 그 즐거움은 조만간 고통의 얼굴을 드러내 보이게 된다"라고 적고 있다.

우리는 언제인가 반드시 알게 된다. 조만간 고통으로 변할 허상에 집착하며 영원히 머물 수 없다는 것을, 우리의 영혼은 이미 알고 있었다는 것을 반드시 알게 된다. 우리가 아무리 어두운 미망 속에서 헤매고 있을지라도 영혼은 우리의 깊은 숙업과 번뇌를 이미 깨닫고 있다.

그 네 번째 악이란 세간인민이 선을 닦을 생각 없이 서로 번갈아 중악衆惡을 가르쳐 양설兩舌과 악구惡口, 망언妄言과 기어綺語로써 이웃을 헐뜯고 난투亂鬪하여 선인善人을 미워하고 현명한 이를 모함하며 부모에게 불효하고 스승을 경만히 여기며 붕우朋友간에 믿음이 없으니 성실을 얻기 어렵느니라. … 혹시 전생의 작은 선업에 의지하여 금세의 가호와 도움을 받았다고 하더라도 금세의 악으로 복덕이 다하여 멸하면 모든 선신善神이 버리고 떠나서 홀로 빈 곳에 서 있게 되어 모든 악이 돌아와 자연히 악도로 쫓아내느니라. 또한 그 이름이 신명神明이 기록하여 악업에 끌리고 죄보가 자연히 돌아와 벗어날 수 없느니라. … 천도天道의 자연은 차질이 없는 까닭에 (天道自然 不得蹉跌) 자연히 삼도의 무량고뇌를 받아서 세세누겁토록 벗어날 기한이 없으니 해탈하기 어렵느니라.

『무량수경』

제4대악은 탐진치^{貪瞋癡} 삼독^{三毒}으로 짓는 구업^{口業}이다. 탐진치의 언어는 바로 탐욕으로 인한 소유의지에서 불친절과 무례, 폭력, 증오, 어리석음, 무지에서 쏟아지는 말, 말들이다. 언어에 약한 것이 인간이어서 구업은 자타 모두에게 해악을 입힌다. 가장 근본적으로 불교의 수행은 무지로 인한 이 언어의 해악을 극복하는 것이다. 수행자는 아무리 좋은 말이더라도 줄여야 하거늘 하물며 무지로 인한 말들이야 더 이상 쏟아낼 필요가 없는 것이 아닌가.

그 다섯 번째 악이란 세간인민이 게으르고 나태하여 기꺼이 몸을 다스려서 생업에 힘쓰지 않아서 가실과 권속이 굶주림과 추위에 곤고困苦하나니 부모가 가르쳐도 성난 눈으로 노하여 대꾸하고瞋目怒應 말로 불화하여 뜻을 어그러뜨리고 반역하나니, 마치 원수의 집과 같아서 자식이 없는 것만 같지 못한 것이니라不如無子. … 오직 부모의 은혜만 저버릴 뿐 아니라 스승의 가르침도 안중에 없어서 일찍이 한 가지 선행도 없고 선성제불先聖諸佛의 경전도 믿지 않아서 행도行道하여 세간에 이바지하려는 믿음도 없으며, 신명神明이 사후死後에 다시 전생轉生하는 것도 믿지 않으니 '어디서부터 태어나서 어디로 죽어가는 것인지 모르느니라不知生從所來 死所趣向.' … 선인이 선을 행하면 낙으로부터 낙으로 들어가고 밝음으로부터 밝음으로 들어가며, 악인이 악을 행하면 고통으로부터 고통으로 들어가고 어둠으로부터 어둠으로 들어가는 것이니 누가 능히 이를 알겠는가? 오직 부처님만이 아실 뿐이니 가르침의 말씀을 열어보여도 신용信用하는 자는 적어서 생사는 쉬지 않고 악도는 끊임이 없느니라.

『무량수경』

제5대악은 술에 탐닉하고 자신은 미식을 쫓으며(醉酒耽美), 가족과 스승, 이웃을 돌보지 않는 것이다. 불교의 출발점은 언제나 인간의 구체적인 실존에서 시작하며 윤회의 원인인 업과 번뇌를 초극하는 수행이다. 업과 번뇌, 무명無明에 현혹되어 있는 우리는 불건강한 탐욕과 분노의 노예가 되어 막대한 규모의 심리적, 물질적 자원을 과도하게 소모하고 있다. 이것이 바로 우리의 삶이 고통받는 이유이며, 인간에 대한 인간의, 자연에 대한 인간의 탐욕과 투쟁을 가속화시키고 있다. 불교는 인간이 삶의 환상을 깨닫고 아집을 탈각시켜 버림으로써 우리의 인간적 능력을 올바르게 사용하는 방법을 가르치고 있는 것이다.

회심廻心

회심은 불교사상과 수행의 대전제이다. 경율론經律論과 선어록에서는 모두 인간의 미망을 일깨우는 회심의 언어와 교학적 장치를 기본구조로 설하고 있다. 바로 "결정적인 마음의 돌이킴으로써 궁극의 깨달음을 구한다"라는 한 논서의 구절처럼 회심은 불교정신의 깊은 숨결을 대표한다.

「회심곡」의 유장한 가락은 많은 한국인들의 정한情恨을 담고 있는 노래이기도 하지만 그토록 많은 불교 경전에서 설하는 회심의 교리가 대중화된 노래이다. 「회심곡」의 화두 역시 단 두 글자 '회심'이다. 우리가 이 세상을 살면서 부렸던 그 많은 변덕과 욕심도 덧없는 미망이라는 것을 깨닫고 부처님의 가르침대로 살아가겠다는 회심의 의지를 도도하게 흐르는 삶의 희로애락 속에서 건져 올린 노래이다.

또 한 해가 바뀌어도 이 시점에서도 깊은 숙업의 올가미에 감겨있는 우리는 아무것도 새롭게 시작하지 못하고 있다. 여전히 자신과 타인을 끝없는 망견妄見으로 오염시키고 허구와 기만으로 가득 찬 인간관계, 그리고 광란적인 소비의 폐수 속에서 새로운 한 해를 시작하고 있는 것이다. 지금은 일시적인 회개나 반성이 아니라 마음의 힘을 새로 깨닫고 시작하는 회심이 필요하다. 회심의 실천이야말로 마음의 힘이 약하여 강한 경계에 이끌려 업장의 무게를 더해가는 현대인들이 불교적인 자기회복에 이르는 길이다.

지지持地보살이 자리에서 일어나 부처님께 정례하고 사뢰었다.

"제가 생각하오니 지난 옛적에 보광여래께서 세상에 출현하셨을 때 저는 비구가 되어 사람과 수레의 통행을 막는 험한 길과 여법하지 못한 나루를 평탄하게 메우고 다리를 놓기도 하며 흙을 지기도 하여 한량없는 부처님이 세간에 출현하시도록 부지런히 일했습니다. … 그때 비사부 부처님께서 저의 정수리를 만지면서 말씀하시기를, '심지心地를 평탄하게 하면 온 세상의 땅이 평탄해진다'라고 하시자 저의 마음이 열리어 몸에 있는 미진微塵이 세계를 조성한 미진과 평등하여 차별이 없음을 보았으며, 미진의 자성이 서로 저촉되지 아니하며 도병刀兵이라도 저촉됨이 없어서 저는 존재의 성품에서 무생법인을 깨달아 아라한이 되었고, 지금은 회심廻心하여 보살의 자리에 참여하였으며(廻心·今入菩薩位中), 여래께서 묘련화妙蓮華의 불지견지佛知見地를 말씀하심을 듣고 제가 먼저 증명하여 상수가 되었나이다."

『능엄경』권5

회심廻心

아난을 사모한 한 여인의 비련에서 출발하는 『능엄경』은 시종일관 회심을 설하는 경전이다. 『능엄경』 권5에서는 미혹과 무명의 굴레를 벗어난 25명의 비구와 보살이 등장하여 원통圓通의 깨달음을 얻게 된 회심의 계기를 고백한다. 지지보살은 저 겁의 저편에서부터 비구의 몸으로 길을 닦고 다리를 놓는 토목공사를 통해서 사람들에게 이익과 안녕을 주었다.

뿐만 아니라 사람들의 짐을 대신 짊어지기도 하고 진흙구덩이에 빠진 소를 구출하는 등의 보살행을 거듭한 끝에, 비사부 부처님으로부터 "마음자리가 평탄하면 세상이 평탄해진다"라는 가르침을 듣고, 몸과 세계를 이루는 미진(元素)의 무차별성을 보게 되어 무생법인無生法忍을 깨달아 아라한과를 얻는다. 그 후 회심하여 보살지를 수행하면서 여래의 능엄회상에서 자신의 지대원통地大圓通을 증명하고 있다.

선심하고 마음닦아 불의행사 하지마소
회심곡을 업신여겨 선심공덕 아니하면
우마형상 못면하고 구렁배암 못면하네
조심하야 수신하라 수신제가 능히하면
치국안민 하리오니 아무쪼록 힘을쓰오
적덕을 아니하면 신후사가 참혹하니
바라나니 우리형제 자선사업 많이하여
내생길을 잘닦아서 극락으로 나아가세

「회심곡」

사람들이 「회심곡」의 소박한 가사에 이끌리는 까닭은 고차적인 교리를 설하거나 입으로만 일체중생을 제도하자는 허위의식을 설하는 것이 아니라, 바로 개인의 진정한 회심을 노래하고 있기 때문이다. 선禪의 깨달음 역시 전도된 허위의식을 소멸한 뒤의 소박한 회심, 보리심의 깨달음, 자비심의 깨달음일 때만 진정한 지혜로 사용될 수 있는 깨달음이다. 옛날에는 선종을 왜 불심종佛心宗이라고 불렀겠는가?

일체의 소승도 모두 회심하나니 모두 불성력이 있어서 내면적 행위의 원인이 되기 때문이다. 여래의 대자대비력은 바깥 연※을 버리지 않게 하기 때문이며, 근본무명이 또한 다 없어지지 않았기 때문이며, 소승의 열반이 궁극적인 것이 아니기 때문이다. 그러므로 일체중생은 회심하여 대보리로 향하지 않는 일이 없는 것이다.

『화엄오교장』

『화엄오교장』의 「십현문十玄門」에서는 제9현문으로 '유심회전
선성문唯心廻轉善成門'을 설한다. '유심회전선성문'의 교의적 기
초는 바로 일체중생이 본래 갖추고 있는 '여래장자성청정
심'이다. 아무리 미혹과 에고이즘으로 가득 찬 중생이라고
할지라도 마침내는 모두 불성의 힘과 여래의 대자대비력
으로 회심하게 된다는 것이다. 이처럼 회심은 불교실천의
근본적인 동력이며 동시에 모든 종교적 실천의 근본적인
동력이기도 하다.

가톨릭의 성자 성 안셀무스(1033~1109)는 세속 시절 숲 속으
로 사냥을 갔다가 한 마리의 사슴을 보고 활을 겨눈다. 그
러나 안셀무스는 활을 쏠 수 없었다. 사슴의 머리가 찬란
한 후광으로 빛나고 있었기 때문이다. 회심의 순간을 맞이
한 안셀무스는 그 자리에서 화살을 꺾어버리고 수도원의
문을 두드리게 된다. 안셀무스의 회심과 같은 경우는 마
조도일의 제자였던 사냥꾼 석공혜장에게도 일어났다.

두 경우 모두 오직 마음의 깨달음 때문에 일어난 회심이었
다. 이처럼 '유심'은 마음의 자기생성력, 자기회복력을 강조
하는 불교사상의 기본 입장이기도 하지만, 우리가 은폐하
고 싶은 삶의 허상을 정면에서 바라보고 허상과 위선에 오
염된 자아를 초극하려는 치열한 세계관을 보여준다. 인간
의 생로병사를 오직 마음의 깨달음이라는 불길 속에서 단
련한다는 불교수행의 기초는 세상의 어떤 이데올로기보다
더 강한 인간정신의 단련을 요구한다. 그러므로 회심은 바
로 선의 수행이자 불교적 삶의 최초이자 최후의 준거이다.

만약 결정적인 믿음과 지혜를 얻지 못한 사람은 겁의 한정을 논할 것 없이 인연을 만나야만 회심하여 대승의 길로 향하게 되나니^(廻心向大) 부처님께서는 방편으로 화성^{化城}을 세우셔서 삼계를 벗어나게 하신다. 부처님을 신앙하므로 제불보살의 가피력과 방편을 입자와 드디어 큰마음으로 처음 십신^{十信}으로부터 모든 수행의 자리를 편력하며 삼무수겁이 지나도록 난행고행 끝에 성불하게 되는 것이다.

『보리심론^{菩提心論}』

회심의 실천은 두 가지 영역에 이루어진다. 원리적인 면을 강조하는 이理의 영역에서는 '회심향대廻心向大', 즉 지금까지 자신이 갇혀있던 소승적인 미망에서 벗어나 대승의 길로 향하는 회심과, 현상적인 면을 강조하는 사事의 영역에서는 '회심참회廻心懺悔', 즉 타인에게 고통을 주고 자신도 수치스러운 일체의 탐욕과 그릇된 견해를 참회하고 축생의 행동이 아닌 인간의 삶으로 나아가고자 하는 회심이다. 회심에는 반드시 부처님의 가르침을 사모하고 우러러 배워서 마침내는 신심을 일으키는 '앙교생신仰教生信'이 필요하다.

그러나 모든 사람이 다 '앙교생신'의 길로 나아갈 수는 없다. 사람에 따라서는 근기가 열악하고 업장이 무거워서 자신의 힘만으로는 강한 경계의 힘을 극복하지 못하기 때문이다. 영명연수(永明延壽, 904~975) 선사는 『만선동귀집萬善同歸集』에서 "비록 부처님의 가르침을 우러러 배우고 믿음을 일으켰다고 하더라도 그 역량이 충분치 못하고 마음이 들뜨고 성찰하는 힘이 얕아서 업장이 무겁고 경계가 강할 때에는 부처님과 스승들의 힘을 빌려야만 지혜의 힘을 얻어서 보살도를 실천할 수 있다(雖卽仰教生信 其乃力量未充 觀淺心浮 境强習重 須生佛國 以倚勝緣 忍力易成 速行菩薩道)"라고 회심의 길을 보여준다.

보리심^{菩提心}

보리심菩提心

우리는 보통 불교에 대해서 관심을 갖고 있거나 불교에 관한 책을 읽고 강좌를 듣지만 "아, 그렇구나!"라고 고개를 끄덕일 뿐, 보리심(菩提心, Bodhicitta)은 발하지 않는다.

불교의 가르침을 표면적으로 이해하는 데 만족할 뿐 불교의 가르침을 탐구하고 실천하겠다는 강렬한 염원이나 의지는 발하지 않는 것이다. 그만큼 보리심은 발하기 어려운 것이다. 그러므로 보리심은 불도를 수행하는 인간으로서의 성실한 의지라고 할 수 있다. 지금까지 세간적인 것에만 몰두해 있던 자신의 존재를 깨달음의 실현, 불교의 실천으로 돌리는 것이다.

현재 우리나라에서는 절에 다니는 여성 신도들을 보살(菩薩, Bodhisattva)이라고 부른다. 언제부터 여성 신도들이 이렇게 불리게 되었는지는 분명하지 않지만 엄밀한 의미에서 보살은 아무에게나 붙여질 수 있는 명칭이 아니다. 왜냐하면 보살이라는 명칭 자체가 보리심과 인간을 합해서 이루어진 합성어이기 때문이다. 그러므로 보살은 반드시 보리심菩提心을 발해야 한다. 불가에서는 이를 발보리심發菩提心 또는 줄여서 발심發心이라고 한다.

일체중생에게 가르침을 베풀어 성숙케 하는 것은 보리심을 발한 인연이며, 일체중생의 고를 없애고 멸한 것은 보리심을 발한 인연이며, 일체중생에게 여러 가지 기쁨을 주는 것은 보리심을 발한 인연이며, 일체중생의 어두운 근심을 없애고 멸한 것은 보리심을 발한 인연이며, 일체중생에게 부처님의 지혜를 주는 것은 보리심을 발한 인연이며, 일체제불을 공경하고 공양하는 것은 보리심을 발한 인연이며, 여래의 가르침을 따라서 부처님을 기쁘게 하는 것은 보리심을 발한 인연이며, 부처님의 몸과 상호를 보는 것은 보리심을 발한 인연이며, 모든 부처님의 지혜에 드는 것은 보리심을 발한 인연이며, 부처님의 십력十力과 사무외四無畏가 현현하는 것은 보리심을 발한 인연이다.

『화엄경』「이세간품」

『화엄경』은 보리심을 발한 보살이 일체중생을 향하여 베푸는 자비심과 정법호지의 신념을 열 가지 인연으로 정리한다. 발보리심이란 무엇일까? 보리심의 범어 원어는 '보디칫타Bodhicitta'이다. '보리'는 범어 '보디Bodhi'의 소리말로 '도道', '지智', '각覺' 등으로 번역하고, '마음'이라고 번역하는 '칫타citta'는 '의지', '바람'을 의미한다. 즉 보리심은 보살도의 수행자가 발해야 하는 마음이며 불도의 진리를 구하고 닦겠다는 마음이다. 지금까지 세간적인 것에만 집착하고 있던 자기 존재를 마음의 깨달음, 불도의 실천으로 돌리는 것(迴向)이 보리심을 일으키는 것이다. 보리심은 보살의 마음이다.

부처님께서 말씀하셨다.

"선남자여, 나는 헤아릴 수 없는 오랜 겁 이전에 나고 죽는 무거운 번뇌로 말미암아 입과 몸과 뜻으로 업을 지었기 때문에 여덟 가지 큰 지옥에 떨어져야 했다. 나는 한때 불수레지옥(火車地獄)에 떨어져 있으면서 두 사람이 함께 불수레를 끄는 벌을 받아야 했다. 나는 괴롭고 아팠지만 힘을 쓰며 수레를 끌었다. 그때 우두아방은 더욱 세게 쇠몽둥이를 내리쳤으며 나의 벗은 조금도 쉴 수가 없었다. 나는 그때 나의 벗이 이와 같은 괴로움을 겪는 것을 보고 자비심을 내었고, 보리심을 일으켰다. 그래서 모든 지옥의 죄인들을 위하여 우두아방에게 '이 죄인들은 매우 불쌍합니다. 조금이라도 가엾이 여기는 마음으로 자비를 베푸소서'라고 청하였느니라. 나는 바로 그때 묵숨이 끊어지면서 백겁 동안 불수레지옥에서 보낼 악업에서 벗어날 수 있었느니라. 그러므로 일체중생이 보리심을 일으키는 인연은 한 가지가 아니어서, 자비한 마음을 인연하여 보리심을 일으키기도 하고, 혹은 성내는 마음을 인연으로 보리심을 일으키기도 하고, 혹은 보시하는 마음을 인연으로 보리심을 일으키기도 하고, 혹은 기쁨으로 말미암아 보리심을 일으키기도 하고, 혹은 번뇌로 말미암아 보리심을 일으키기도 하고, 혹은 원수와 은혜, 사랑과 이별을 인연으로 보리심을 일으키기도 하고, 혹은 좋은 벗을 인연으로 보리심을 일으키기도 하고, 혹은 나쁜 벗을 인연으로 보리심을 일으키기도 하고, 혹은 진리의 설법을 듣고서 보리심을 일으키게 되느니라."

『대방편불보은경』

보리심菩提心

부처님도 한때는 지옥중생이었다. 그러나 지옥의 부처님은 보리심을 발함으로써 지옥에서 벗어날 수 있었다고 한다. 이처럼 『대방편불보은경』은 저 먼 과거세에 윤회의 수레바퀴를 따라 생사를 거듭하면서 불도를 닦던 부처님이 숙업의 대가로 지옥에 빠진 이야기를 싣고 있다. 또한 보리심이란 우리의 가장 숙업의 세계조차도 극복케 하며, 보리심은 우리의 삶, 어느 매듭에서든지 발할 수 있는 마음이라고 적고 있다.

여러 대승경전에서는 부처님 또한 금생의 수행만으로 불도를 완성한 것이 아니라, 보리심을 발하고 아득한 겁의 저편에서부터 나고 죽은 일을 거듭하는 윤회를 거치면서, 다른 중생을 위해 헌신하고 불도를 닦는 보살행을 거듭한 결과, 불도를 이룰 수 있었다고 한다. 보살은 위없는 깨달음에 대한 서원을 세우고, 어떠한 생의 고난도 이겨내며, 때로는 다른 중생의 고난도 대신 짊어지는 대수고代受苦의 고난도 마다하지 않고, 오직 불도의 완성만을 위해 정진하겠다는 보리심을 발하지 않으면 안 된다. 이처럼 보살의 제1조건은 보리심을 지니는 것이어서 보리심을 발하지 않으면 보살이 아닌 것이다.

악행을 끊고 청정한 행위로 살아가며
마음 닦기를 즐겁게 여기며
부처님께 귀의하여
보살의 가는 길에 몸을 바치는
모든 이들에게 보리심은 마땅히 일어나리.

『십지경十地經』

우리는 가끔 스스로 삶을 내면으로부터 성찰하고 인간의 무력함과 이기심과 욕망의 추한 면들을 스스로 깨닫고 진실한 삶의 길을 구하려는 노력을 결심하는 자신을 발견하기도 한다. 젊은 날 세웠던 수없는 결심들이 나이가 들어가면서 무뎌져가더라도 역시 이 결심은 쉽게 버릴 수 없는 중요한 자각이다. 즉 우리가 아무리 욕망과 이기심의 유혹 앞에 쉽게 굴복하더라도 다른 한편으로는 욕망과 이기심의 집착에서부터 벗어나려고 강렬하게 희구한다. 그 결심이 서는 자리에서 바로 불교는 시작된다.

왜냐하면 우리가 욕망과 청정, 이기심과 애타심愛他心이 서로 원초적으로 교차하는 삶의 번뇌에 시달리고 있더라도 그 의식의 깊은 곳에는 불성이 숨 쉬고 있기 때문이다. 이 불성의 싹을 틔우고 자라게 하는 일이 바로 대승보살의 수행이다.

청정한 깨달음의 실천은 언제나 약하게 보이고 악마의 힘은 크고 두렵게 느껴진다. 만약 보리심이 없다면 다른 무엇으로도 악마를 정복할 수 없다.

고독한 침묵을 행하시는 왕자, 모든 성인들의 왕이신 부처님께서는 한없는 시간 이전부터 보리심을 발견하시고 증득하셨다. 그것이 가장 궁극적인 인간의 마음인 까닭은 수많은 목숨들을 위대한 안락과 구원의 길로 이끌어 가기 때문이다.

모든 생존의 고통에서 벗어나길 원하며 중생의 번뇌 다하기를 원하며 평화와 자유를 누리기를 원하는 사람들은 항상 보리심을 버려서는 안 된다.

산티데바, 『보디챠리야아바타라』

산티데바(7~8세기경)는 남인도 한 왕국의 왕자였다. 어느 날 밤 꿈에서 문수보살로부터 "왕국은 지옥의 열탕과 같은 것"이라는 고지를 받고 세속을 떠났다. 그 뒤 왕자는 중인도의 유명한 사원불교대학 나란다에 가서 선정과 지혜를 완성하였다. 그러나 산티데바는 언제나 잠만 자고 밥만 먹었다. 화가 난 나란다의 승려들은 그를 추방하기 위해서 경전을 암송하는 대회를 열었다. 드디어 산티데바의 차례가 되었다. 산티데바는 높은 단상에 올라 대중들에게 말했다. "지금까지 있었던 것을 암송할까, 없었던 경전을 암송할까?" 대중들은 지금까지 없었던 경전을 암송하라고 말했다. 산티데바는 대승불교의 진수를 집약한 『보디챠리야아바타라』를 설했다. "존재도 비존재도 마음에 나타나지 않을 때 마음은 얽힘에서 벗어나 적정하게 된다"는 반야의 노래를 부를 때부터 산티데바의 몸은 점점 허공 속으로 사라져 갔다. 그러나 설법은 허공 속에서 계속 은은하게 들려왔다. 지상의 승려들이 듣고 기억한 법문이 바로 7세기경의 불교 성자 산티데바가 남긴 『보디챠리야아바타라Bodhicarya-vatara』라는 시문집이다. 현재 완전한 범어 원본과 한역본이 남아 있는 이 책의 제1장이 바로 보리심의 종교적 의미를 깊은 지혜로 노래한 '보리심의 찬탄'이다. 그는 "보리를 원하는 마음만 지녀도 거칠고 황량한 윤회의 바다에서 구원을 얻는다"라고 말했다.

인욕忍辱

사람들은 나날이 황량하고 거칠어져만 가는 고통의 바다에서 표류하며 피로감을 느낀다. 그리고 이 피로와 슬픔을 보상받기 위해서 숱한 유흥과 소비의 탁류에 몸을 던지고, 돈, 마약, 성적인 문제를 일으킨다. 또한 더 어떻게 해 볼 기력조차 없어진 누구는 자기 파멸의 올가미를 향해 천천히 걸어 들어가 버리거나 세상의 끝을 향해서 떠나 버린다. 이 시대의 고단한 한국인들이 피폐한 삶의 고통과 슬픔을 고요한 지혜의 눈으로 바라보고 극복해내려는 굳센 의지를 갖는다는 것은 어렵다.

그 이유는 참지 않기 때문이다. 난관과 고통을 참는 것을 불교는 인욕忍辱이라고 설하고, 인욕이야말로 약자의 수동적인 굴욕이 아니라, 자신과 이웃을 성찰하는 드높은 지혜에서 비롯되는 것이라고 강조한다.

이를 『대지도론』에서는 "굳세고 견고한 인욕의 지혜(忍智牢固)"라고 한다. 어느 시대를 막론하고 불교의 현자들은 자신에 대한 집착이나 타인에 대한 증오는 인간의 마음을 병들게 하고 바르게 생각할 수 있는 능력을 빼앗아 가버린다고 설했다. 그 결과 인간은 더 큰 증오와 고통의 대가를 요구받게 되는 것이다. 그래서 우리는 보다 진정한 의미에서의 인욕, 즉 참고 용서하는 수행을 쌓아야 한다. 사랑의 가장 숭고한 미덕은 용서이기 때문이다. 대승불교가 인생의 지표로 제시하는 육바라밀의 제3바라밀은 바로 인욕바라밀忍辱波羅蜜이다.

미움은 미움으로써 사라지지 않는다.
미움은 오직 참음과 자비로써만이 극복되는 것이니
이 진리는 영원하리라.

『법구경』

인욕忍辱

잘 알려진 『법구경』 말씀이다. 1951년 미국 샌프란시스코에서 열린 대일평화조약을 체결할 때 불교국가인 스리랑카는 대일배상권을 포기했다. 당시 스리랑카의 대표였던 쟈야와르데 외무장관은 일본의 전쟁 피해 배상의무를 면제해 주는 연설을 끝맺으면서 『법구경』을 인용하고 있다. 당시 스리랑카의 이와 같은 태도는 힘의 논리를 앞세운 평화의 주장보다는 상호관용과 사랑의 미덕이 실현됨으로써만이 진정한 평화가 이루어진다는 불교국가의 정신에서 비롯된 것이다.

인욕을 가리키는 범어의 원어는 '크샨티ksanti'로서 이 말의 표면적인 의미는 '참는 것'이지만 보다 깊은 의미는 '용서하다'이다. '크샨티'의 사역형使役形은 '크샤마야티ksamayati'로서 '내가 저지른 허물을 용서해 주십시오'라는 뜻을 담고 있다. 즉 '내가 저지른 잘못을 용서해 주십시오'라는 뜻을 담고 있다. 이 말은 우리말의 '실례합니다'라는 정도의 말로서 현대 인도인들도 자주 사용하는 일상적인 인사말이기도 하다. 우리는 여기서 인욕의 수행이란 그저 단순히 참는 마음이나 행위에서 그치는 것이 아니라 타인의 어려운 처지에 대한 잘못에 대한 용서까지도 포함하는 적극적인 것임을 알 수 있다.

수보리여, 실로 여래에게는 인내의 완성이 실은 인내의 완성이 아니다. 왜냐하면 수보리여, 일찍이 어떤 사악한 통치자가 나의 몸과 수족에서 살을 도려낸 그때에도 나에게는 아상我相, 인상人相, 중생상衆生相, 수자상壽者相이 없었으며 다시 또 생각한다는 것도, 생각하지 않는다는 것도 없었다. … 수보리여, 나는 분명히 기억한다. 과거세 오백의 생애 동안 나는 '인내를 설하는 자'라는 이름의 구도자였던 것이다.

『금강경』

인욕忍辱

인욕바라밀의 최후 단계는 해친 이도 해침을 받는 이도 본래 공空하다는 무생법인無生法忍의 실천이다. 무생법인은 대승불교가 확립한 최고의 수행덕목으로『반야경』,『법화경』, 정토경전에서도 진리의 대명사로 표현하는 교리이다. 무생법인의 범어는 'Anutpattika-dharma ksanti', 모든 현상들에서 참아야 할 일들은 본래 발생하지 않는다는 것을 통찰하는 것을 뜻한다. 결국 무생법인은 본래의 무생無生을 깨닫는 '크샨티ksanti'의 이법理法이라는 뜻이다.

불교에서 말하는 인忍이란 단순히 참는 것이 아니라, 지혜를 성취하기 위한 마음의 수련이라는 것이다.『화엄경』「십인품」에서 보현보살이 설하는 마음의 평화에 의해서 발현되는 열 가지 인忍(音聲忍·順忍·無生法忍·如幻忍·如焰忍·如夢忍·如響忍·如影忍·如化忍·如空忍)은 단순히 참는다는 뜻이 아니다. 때문에 중국 화엄종의 현수법장賢首法藏은 "인忍이란 지혜를 깨닫고 달관하는 것"이라고 주석하고 "진리를 인수忍受하여 마음이 평안하고 부동하기 때문에 인忍이라고 한다"라고 말한다. 또한 "이 인忍은 지혜를 자성으로 삼는다"라고 말하고 있다.

이와 같은 인忍의 사상은 아무리 드높은 지혜라고 할지라도 그 기초는 마음의 평화에서 시작된다는 지극히 불교적인 통찰이 담겨있는 것이다. 아아, 우리는 언제쯤이나 성난 손과 발로, 사악한 눈초리와 언어의 화살로 자신과 타인에게 상처를 입히고 나서 이겼다고 우쭐거리는 아수라와 축생의 세계에서 벗어날 수 있을 것인가! 참회의 슬픔은 끝날 날이 없으리라.

가령 불타는 철의 바퀴가 나의 머리 위에서 구를지라도
일심으로 불도를 구하여 마침내 회한을 품지 않나니
만약 삼악도에 떨어져 한량없는 고통을 받을지라도
일심으로 불도를 구하여 마침내 물러나지 않으리.

假令熱鐵輪 在我頭上轉
一心求佛道 終不懷悔恨
若使三惡道 人中無量苦
一心求佛道 終不爲此轉

『대지도론』권11

지금은 입적하셨지만 현대의 한 고승은 평소 후학들에게 "사람은 마음속에 밝은 태양을 품은 것처럼 항상 기쁜 마음으로 살아야 한다"라고 말씀하셨다. 이 말씀은 아무리 괴롭고 슬플 때에도 나의 뇌리에서 잊히지 않는다. 도를 구하는 인간은 『대지도론』의 말씀처럼 회한을 품을 일이 정녕 없는 것이다. 우리들은 매사에 쉽게 분노하고 기뻐하며 사소한 일에도 조급해하고 좌절한다. 그리고 곧 모든 것을 잊어버리고 다시 분노하는 악순환이 계속된다.

그러나 불교적인 삶의 정신에서 본다면 스스로 자제심을 올바로 확립한 사람이나 인간의 영혼을 성찰할 수 있는 사람에게는 인내할 수 없는 모욕이란 이 세상 어디에도 없다. 그러므로 경전에서는 "삶의 고통으로 인해서 결코 마음을 어지럽히지 말라"고 설한다. 어지러운 마음은 더 큰 고통의 대가를 요구하기 때문이다.

그러나 우리의 마음은 삶의 갈등과 고통을 이해하고 극복할 수 있는 능력이 잠재되어 있다. 오히려 그런 삶의 갈등과 고통을 겪음으로써 인간은 더욱 더 단련되고 깊이 있는 인간으로서 품격을 갖추게 되는 것이다.

몇 천 겁 동안 쌓고 쌓은 선행과 보시, 부처님께 올린 공양의 선업도 한 번 화내는 마음을 일으키면 그 공덕들은 자취도 없이 사라진다.

화내는 것보다 더한 죄악은 없고 인욕보다 어려운 고행은 없다. 그러므로 최선을 다해서 인욕을 닦아야 하리라.

심장에 분노의 화살이 박혀 있는 동안은 마음이 고요하게 안정될 수 없으며 인간 최고의 목표인 해탈에 이를 수 없다.

산티데바, 『보디챠리야아바타라』

남을 미워하거나 분노나 증오에 쉽게 사로잡히는 것은 인간의 질긴 숙업宿業이다. 그러나 우리들의 마음에 분노의 화살이 박혀 있는 동안은 마음이 고요하게 안정될 수 없으며 수행에 필요한 바른 지견을 갖출 수 없게 된다. 그러므로 우리는 미움·분노·증오의 실체를 꿰뚫어 보아야 한다. 인욕이라고 해서 단순히 참는다는 것은 아니다. 인욕에는 여러 차원이 있어서 『유식론唯識論』에서는 자신에게 해를 끼치는 타인의 악행을 참고 용서하는 인욕인 '내원해인耐怨害忍'과 다른 사람의 고통을 기꺼이 함께하는 대수고代受苦의 인욕인 '안수고인安受苦忍', 모든 일에 대해 기뻐하거나 노여워함도 없이 진리의 본성이 본래 평등하여 차별이 없음을 깨닫는 인욕인 '제찰법인諦察法忍'을 설한다. 이 제찰법인이야말로 무생법인無生法忍인 것이다.

제법실상諸法實相

날로 강고해지는 고도의 자본집적사회에 접어든 지금, 우리가 그동안 '그래도 차선은 된다'라고 믿어 왔던 기존의 가치들이 엄청난 속도로 해체되고 있다. 그 해체가 백면서생들이 읊조리는 '해체주의'라는 사상의 유행일 뿐이라면 얼마나 좋겠는가. 평생 직장이라고 믿었던 회사가 해체되고 가정과 교육이 해체되고 자아도 해체된다. 지금 우리 사회는 이 해체된 부품들의 지옥이다. 사람들은 이 엄청난 해체의 속도와 자본의 압력 아래서 마냥 분노하고 기가 눌린 나머지 삶과 세계의 실상을 투시할 의지마저 잃고 있다. 이 해체의 메마른 사막에 연꽃이 피는 날은 언제 올 것인가?

불교는 무엇이 인간과 사회의 참다운 모습인가를 설하는 제법실상의 가르침을 설한다. 불교가 설하는 제법의 실상은 허망의 대극점에서 삶을 바라보게 한다. 불교가 설하는 제법의 실상은 단순히 사물의 실상, 사건의 실상이 아니라, 그 사물과 사건으로 대상화되기 이전의 주체적인 자기의 실상이다. 그러므로 실상이란 법성法性, 열반涅槃, 진여眞如 등과 같이 불교의 사상체계를 총괄하는 용어의 하나이다. 우리는 지금 이 엄청난 속도의 해체, 변화를 견딜 수 있는 강인한 정신력의 재구축을 위해 불교가 설하는 제법실상의 가르침에 귀를 기울일 필요가 있다. 버려야 할 것은 모두 버린 실상의 법계에서 새로운 삶의 구도를 정립해야 하는 것이다.

실로 내 마음은 깨끗하고 막힘이 없어서
잘 수련되고 명료한 깨달음으로 다스려진다
그 빛은 사방에 밝게 비추나니
지혜 있는 사람은
재물이 없어도 기쁘게 산다
지혜가 없으면
재물이 있어도 살지 못한다.

『아함경』

제법실상諸法實相

부처님 당시 한 작은 왕국의 왕이 있었다. 이 젊은 왕은 스승과 진리를 구하는 열정에 가득 차 세상을 널리 다니는 상인들에게 진정한 스승을 만나거든 알려달라고 명하였다. 부처님께서 기원정사에 계신다는 소식을 들은 왕은 최상의 가르침을 받기 위해 동쪽으로 가던 도중 찬다바카강가에서 부처님을 만나 왕위를 버리고 출가한다. 그가 바로 부처님의 십대제자 중의 한 사람으로 천문역수天文曆數에 능통한 지성수제일知星宿第一이라고 불리는 마하겁빈나(摩訶劫賓那, Maha-kaphila) 존자이다. 위의 게송은 바로 그의 작품이다. 진리를 갈망하는 왕과 부처님이 강가에서 만나 이슥하도록 인생을 이야기한다는 장면에서는 정말 신비한 분위기가 느껴진다.

『아함경』에 실린 부처님의 인생과 설법은 헤세의 『싯다르타』와 같은 문학작품 따위는 수백 가지를 하나로 모아도 도저히 비견될 수 없을 만큼 한없이 아름답고 심오하다. 벗들이여, 음악과 볼 것으로 귀를 더럽히는 모든 전자제품을 꺼라. 그리고 그대 자신의 고요 속에서 읽으면 읽을수록 법열로 가득 차게 되는 경전을 읽으라.

부처님께서 성취하신 바는 가장 희유하여 깨닫기 어려운 법이다. 오직 부처님과 부처님만이 능히 제법실상의 궁극에 도달할 수 있나니 이른바 제법의 여시상如是相·여시성如是性·여시체如是體·여시력如是力·여시작如是作·여시인如是因·여시연如是緣·여시과如是果·여시보如是報·여시본말구경등如是本末究竟等이다.

『법화경』「방편품」

제법실상諸法實相

제법의 실상을 십여시十如是로 설명하는 『법화경』의 명구이다. 실상은 십여시가 상호교차하고 있으며, 시간과 공간을 파악하는 인간의 일념一心이 역동적으로 상호교차하는 연기緣起이며 연기는 공空이다. 중국 천태종의 조사 천태지의(538~597)는 십여시설을 바탕으로 일념삼천설一念三千說을 제창하였다. 일념삼천설이란 한 생각에 삼천의 법계가 공존한다는 사상이다.

불계佛界에도 지옥, 아귀, 축생의 차원이 존재한다는 일념삼천설의 사상은 매우 철저하게 원융圓融을 추구하지만, 단순히 프리미티브한 선악혼재론善惡混在論만은 아니다. 불계에 마계魔界의 차원이 병존한다는 시각은 도저한 원융이다. 바로 동체연기同體緣起이며 동체대비同體大悲인 것이다. 문제는 불계의 실상을 발현할 것인가, 아니면 마계의 실상을 발현할 것인가의 문제이지만 일념삼천설은 확실히 실존적인 감각을 갖추고 있는 사상이다.

우리는 지의의 말대로 "종일쌍차終日雙遮 종일쌍조終日雙照" 하면서 일념삼천의 번뇌와 깨달음을 반복하고 있다. 일념에 삼천 가지 차원이 상호혼융하고 있다는 일념삼천설의 시각은 보기에 따라서는 거대한 관념론일 수도 있다. 그러나 인간은 현실적으로 일념에 수천 가지의 코드를 무의식적으로 점검한다. 따라서 일념삼천설은 안이하고 사변적인 관념론이나 형이상학이 아니다. 일념삼천설은 당신이 살고 있는 현재의 일념, 그 실상을 소중히 여기라는 것이다. 인간의 삶과 죽음, 행복과 불행도 모두 그 일념의 실상 속에 있다.

나날이 마음 쓰기를 풍요롭게 하면
도를 이루는 데는 돈이 필요하지 않다
보리는 다만 마음으로 찾아야 하거니
어찌하여 밖에서 찾아 헤매는가.

日用常用饒益
成道非由施錢
菩提只向心覓
何勞向外求玄

『육조단경』

나는 이 구절을 이른 봄의 황사를 뚫고 달리는 남원행 버스 속에서 읽었다. 실상사로 걸음을 옮기던 그날, 실상사는 운봉분지의 낯선 풍경과 정적을 흔들고 지나가는 거센 바람 속에 조용히 서 있었다. 지리산의 웅장한 산자락이 연꽃잎이 되어 둘러싸고 있는 운봉분지의 바람 속에 서 있는 이 옛 선문은 이제 더 원할 것도, 회한도 없이 모든 허장성세를 떨어내어 버린 늙은 비구의 모습처럼 그렇게 쓸쓸하고 아름다웠다.

나는 국도를 버리고 실상사로 이어진 운봉분지의 옛 길을 찾아 걸으며 이 선문에 은둔해 버린 옛 선승들을 생각했다. 그들은 한여름의 뜨거운 볕에 그을리면서, 겨울의 찬 눈보라 속을 헤치며, 가을의 깊은 우수에 젖어서 이 길을 묵묵히 걸었으리라. 그리고 한밤의 실상사 뜨락을 거닐면서 검푸른 별의 바다를 바라보며 마음의 붓다를 응시하던 그들에게 그 밖의 다른 인생은 아예 없었으리라. 실상사가 서 있는 풍경은 그렇게 고독했다.

누구든 좋다. 실상사의 깊은 고독만큼이나, 삶의 허망한 가지를 다 쳐 내버린 뒤 선禪의 길, 그 밖의 다른 인생은 아예 없는 선승의 자유를 누리고 싶거든 실상사를 향해서 홀로 떠나가기 바란다. 그는 곧 운봉분지의 거센 바람 속에 서서 속기俗氣에 찌든 자신을 바라보며 한없이 망설이고 슬퍼하게 될 것이다.

무생법인無生法忍을 수행하는 보살이 법인을 증득하면 일체세간의 공을 관하여 마음에 집착하는 바가 없으며, 제법실상에 주하여 다시는 세간에 물들지 않게 된다. 또한 반주삼매般舟三昧를 수행하는 보살이 이 삼매에 들면 시방제불이 현재함을 보고, 제불의 법문을 듣고 모든 의혹의 그물을 끊는다. 이때 보살의 마음은 동요함이 없다. 또한 보살은 육바라밀을 구족하고 방편의 지혜를 일으키나니 제법의 실상에도 집착하지 않고 스스로 깨닫고 스스로 증득하여 언어에 현혹되지 않나니, 만약 악마가 부처님의 형상을 빌려 다가올지라도 미혹되는 마음이 없다.

『대지도론大智度論』 권27

제법실상諸法實相

대승불교의 예술적 기원의 중심을 관통하는 주제는 바로 반주삼매^{般舟三昧}, 즉 여러 관상경전^{觀想經典}에서 설해지는 현전제불삼매^{現前諸佛三昧}, 즉 반주삼매이다. 반주삼매를 설하고 있는 최초의 경전은 179년 지루가참^{支婁迦讖}이 역출한 『반주삼매경』으로 이 경전에서는 초기반야경의 교의를 종합, 수용하여 제불현전삼매^{諸佛現前三昧}를 설한다. 반주삼매란 선정수행자 앞에 제불이 현전하는 삼매이다. 즉 반주삼매를 닦는 선정수행자의 심상에 떠오른 제불보살의 법계를 회화와 조각으로 형상화시키는 과정에서 인도와 서역, 중국과 한국, 일본을 관통하는 장려하고 정교한 불교문화가 배태되었던 것이다. 그리고 이와 같이 무형상의 형상을 투시하는 선관^{禪觀}에 의한 제불정토의 체험이 바로 불교예술의 사상적 본질이며 이 점 불교미학의 본질과 관련하여 깊이 생각할 문제이다.

『관무량수경』과 같은 정토경전에서는 "불신의 높이는 육십만억나유타항하사유순^(佛身高六十萬億那由他恒河沙由旬)"이라는 구절과 같이 반주삼매의 완성에 의한 거대불상에 대한 관상을 수없이 설한다. 이와 같은 교리사, 신앙사적 변화는 대불조성의 유행으로 연결된다. 아프가니스탄의 카불에서 고대 박트리아로 통하는 길목에 위치한 바미얀 협곡의 53미터, 35미터의 웅대한 입불상^{立佛像} 역시 바로 관불사상^{觀佛思想}의 결정체였다.

정진精進

'부처님 오신 날'을 맞아 절과 거리마다 이날을 봉축하는 연등이 밝혀지고 사람들의 마음은 한층 너그러워진다. 모두 부처님의 크신 지혜와 공덕을 봉축하는 이날 사람들은 부처님 오신 날의 상징처럼 선보이는 아기 싯다르타에게 시선을 두게 된다.

그러나 부처님 오신 날 내 의식을 선열하게 일깨우는 것은 아기 싯다르타가 아니라 왕자로서의 삶을 포기하고 숲과 강을 떠돌며 깨달음을 구하는 청년 싯다르타가 두 눈이 움푹 파이고, 온몸의 뼈가 앙상하게 드러나도록 고행하는 모습이다. 부처님은 그런 고행을 통해서 지혜의 깨달음을 얻으셨고 인류의 교사로서 오신 것이다.

부처님 오신 날을 맞아 부처님께서 이 세상에 출현하신 진정한 의미를 진지하게 되새기고자 한다면 그 화두는 모름지기 부처님의 고행상에서 찾아야 할 것이라고 생각된다. 고행 없는 정진이란 없다. 정진 없는 불교 역시 없다. 정진이란 수행자나 어떤 천재만이 하는 준엄한 수행이 아니라 모든 사람들이 자신의 삶에서 묵묵히 닦아나가야 할 인간으로서의 기품과 지혜이다. 그것이 바로 불교가 그렇게도 강조하는 정진이어서 대승불교의 육바라밀 가운데 정진바라밀이며 팔정도의 제6덕목은 바른 정진(正精進)이다.

근면은 영원한 삶의 길이요
방일은 죽음의 집이다.
게으름을 모르는 사람은 죽음도 모를 것이요
게으른 사람은 이미 죽음에 이른 것과 같다.

지혜로운 이는 마침내 방일하지 않으며
탐착하지 않음으로써 기쁨에 이르나니
여기에 진리의 즐거움이 따르네.

『법구경』 21·22

정진精進

불교는 "모든 것은 변한다. 게으름 없이 정진하라"는 부처님 최후의 유훈처럼 정진하는 종교이다. 정진이란 무엇인가. 그것은 선을 향한 노력이다. 정진바라밀이란 불교의 도를 체득하고 그것을 끊임없이 닦아나가는 보살의 수행이다. 즉 모든 선한 목표를 향해 물러서거나 나태함이 없이 수행을 거듭하는 부동심의 실천을 의미한다.

우리나라의 옛 선문이 남긴 몇 분의 철조비로자나불좌상의 팔과 등에는 "모두 나서서 불상을 조성하고도 피곤할 줄 몰랐다"라는 구절이 새겨져 있다. 이 구절은 철조비로자나불좌상의 조성이 유행하던 나말여초 선문의 여러 철불에도 자주 나타나는 구절이어서 불교인의 뜨거운 열정과 신앙심을 전하고 있다. 그렇다면 "피곤할 줄 몰랐다"라는 열정은 어디서 온 것일까?

그것은 본래 화엄의 열정이다. 『화엄경』 「보현행원품」은 화엄사상의 실천덕목을 열 가지 서원, 즉 보현보살의 '십종대원'으로 집약하고 하나하나의 서원을 "허공계가 다하고 중생계가 다하며 중생의 업이 다하며 중생의 번뇌가 다하여도 나의 이 행원은 다하지 않으리니 생각생각 잊지 않고 되새겨서 몸과 말, 뜻으로 꺼리거나 싫증내지 않으리라"라는 다짐을 첨부한다. 태어나는 곳마다 대승의 보살도를 묵묵히, 그리고 영원히 실천하겠다는 각오를 담고 있는 "꺼리거나 싫증내지 않으리라"는 서원이야말로 옛 한국인들의 푸르른 마음을 말해 주는 것이다. 이 마음의 부처를 잊고 살아온 지 이미 오래된 우리들은 타인의 삶에 대해서는 물론 자신의 삶조차 '꺼리거나 싫증내면서' 깊은 피로감 속에 살아간다.

우리는 어떻게 정진해야 할 것인가? 인간의 선한 일을 실천함에 있어서 나태하거나 용기를 잃음이 없이 뜻을 굳게 세워서 비겁하거나 나약함이 없어야 한다. 그러나 우리 범부는 신심을 일으켜 보살도의 실천을 위해 애쓰지만, 일찍이 지어온 여러 가지 죄업과 악업의 장애로 인한 속박과 병, 세간적인 장애 등에 묶여 있다.

이와 같이 수많은 장애가 있으므로 우리는 마땅히 더욱 용맹정진하여, 주야로 부처님께 예배하고 지극한 마음으로 참회하며 더욱 부처님의 진리를 따라 기뻐함으로써, 보리심의 깨달음에 회향하기에 항상 노력해야 하는 것이다.

그럼으로써 우리는 모든 장애를 극복하고 선근을 증장시킬 수 있는 것이다.

『대승기신론』

정진精進

4세기의 아상가(Asanga, 無着)는 유가행 유식불교를 대성한 보살이다. 그는 미륵보살을 친견하고 직접 가르침을 받기 위해서 삼 년 동안 산속의 한 동굴에 은거하며 간절한 기도를 올렸으나 아무런 응답도 없었다. 실망한 그가 동굴 밖으로 나와 방황하고 있을 때 새들의 날개가 수없이 스친 바위가 움푹 패인 것을 보고 '나에게는 새들과 같은 열성조차 없었구나'라고 생각하고 동굴 속으로 돌아가 다시 수행을 계속했다. 또 삼 년이 지났으나 아무런 응답이 없었다. 또다시 물방울이 바위를 뚫는 것을 보고 삼 년, 쇳덩어리를 갈아 바늘을 만드는 노인을 보고 삼 년, 모두 구 년의 세월이 흘렀으나 미륵보살을 친견할 수 없었다.

수행을 포기하기로 작정하고 먼 길을 떠난 아상가는 어느 마을 입구에서 온몸의 상처에 벌레가 우글거리는 개를 보았다. 아상가는 자비심에 가득 차서 손으로 그 벌레들을 집어 옮기며 개를 치료했다. 순간 그 개는 사라지고 찬란한 빛살 속에서 미륵보살이 나타났다.

이 이야기가 바로 16세기의 티베트 스님 부톤이 기록한 인도불교사, 『타라나타』에 실린 아상가의 용맹정진이다.

불도를 이루고자 할진대 두 가지 문이 있다. 첫째는 복덕이며 둘째는 지혜이다. 보시, 지계, 인욕바라밀은 복덕문이며, 일체제법의 실상과 마하반야바라밀을 깨닫는 것은 지혜문이다.

보살이 복덕문에 들고자 할진대 일체의 죄업을 모두 소멸한 다음에야 원하는 바를 얻을 수 있다. 만약 원하는 바를 얻지 못한다면 아직 죄업의 때에 가려있기 때문이다.

지혜문에 들고자 한다면 곧 생사의 윤회를 싫어함이 없어야 하나니, 열반의 낙도 즐김이 없이 항상 마하반야바라밀에서 태어나야 한다. 반야바라밀의 핵심은 선정문禪定門이다. 선정문은 큰 정진의 힘이 반드시 필요하다.

『대지도론』

정진精進

정진이란 지혜의 깨달음을 증득하기 위한 것만이 아니라 일체중생에게 보시할 복덕福德의 자량을 함께 구하기 위한 것이다. 자량이란 원래 『구사론』에서 "앞으로 나아가고자 하지만 자량이 없다欲往前路無資糧"라는 구절처럼 여행에 소용되는 노자와 양식을 의미한다. 『화엄경』 『반야경』 등의 대승불전에 자주 사용되는 이 용어는 불교의 실천에 필요한 선근공덕을 의미한다. 그러므로 『대보적경』 권52에서는 보시와 지계로 집성되는 복덕자량과 반야수행으로 집성되는 지덕자량을 설한다.

이 자량이라는 용어가 내포하고 있는 실천상의 문제는 불교사상이 아무리 깊고 높더라도 현실적인 자량의 축적이 없다면 사상누각에 불과함을 뜻한다. 자량의 축적이 있어야 '상구보리'도 '하화중생'도 할 수 있다. 막연히 "일체중생을 제도하기를 서원한다"라는 말은 비장하기는 하지만 막연하다. 보살은 바로 불교실천에 필요한 현실적인 자량을 구하는 존재이기도 하다.

이 말법의 시대는 재능을 과시하고 있을 때가 아니라
고행으로 마음을 닦아야 할 때이다.
이 말법의 시대는 높은 자리를 차지하고 있을 때가 아니라
겸허한 마음으로 이웃에게 봉사해야 할 때이다.
이 말법의 시대는 많은 제자들의 존경을 받을 때가 아니라
그대 스스로 나아가야 할 때이다.
이 말법의 시대는 남을 가르치는 일에 만족할 때가 아니라
그대 자신의 번뇌를 조복받아야 할 때이다.
이 말법의 시대는 말에 속고 있을 때가 아니라
그 의미를 성찰할 때이다.
이 말법의 시대는 밖으로 찾아다닐 때가 아니라
홀로 깨어있을 때이다.

아티샤 존자, 『보리도등론菩提道燈論』

정진精進

『구사론』은 말법의 시대에는 도를 얻은 자가 없고, 탑사塔寺만 세우며, 무행무증無行無證으로 승가의 위신이 추락하고, 신자들의 신행도 약화된 시기라고 기술한다. 말법이 계속되는 기간은 부처님의 가르침이 형식적이나마 행해지던 상법像法 이후 1만 년 동안이라고도 하며, 이 시기를 탑사견고기塔寺堅固期 혹은 투쟁견고기鬪爭堅固期라고도 부른다. 바로 오탁악세인 것이다. 오탁五濁이란 말법시대에 인재와 천재가 끊임없이 발생하는 겁탁劫濁, 여러 가지 사악한 사상의 오염이 거듭되는 견탁見濁, 여러 가지 정신적 악폐가 끊임없는 번뇌탁煩惱濁, 심신 양면에서 인간의 자질이 저하되는 중생탁衆生濁, 인간의 수명이 단축되는 명탁命濁을 말한다. 모두 말법시대의 징조이다.

말법시대를 실감케 하는 소비문명의 안락함에 익숙한 오늘의 우리는 고행을 모른다. 그리고 부처님께서 그렇게도 자주 말씀하신 "무소의 뿔처럼 홀로 걸어가라"는 고독의 정신적인 의미를 망각한 채 무리를 지어 소비와 유흥에 더 몰두한다. 스스로를 일깨우고 절제할 수 있는 고행과 정진이 배제된 불교는 이미 그 종교적 생명력을 잃어버린 불교, 화려하지만 공허한 언어에 의해 채색된 불교만 있을 뿐이다. 11세기 불교가 인도에서 쇠퇴하기 직전 티베트로 망명한 오단타푸리 사원대학의 학승 아티샤(928~1054)의 설법은 바로 오늘 우리가 어떻게 이 세상을 살아가야 하는지 예견하고 있어서 경이롭기만 하다.

보살菩薩

불교는 우리에게 "우리는 스스로 어떤 종류의 사회를 원하며 그것을 만들기 위한 구체적인 수단이 무엇인지를 알아야 한다"고 고요하게 묻는 종교이며, 그 질문에 대한 가장 순수한 실천적 명제는 인과응보의 법칙(업)과 공존의 법칙(자비)이다. 이 두 가지 전제가 불교적으로 성숙될 때 성불도 견성도 가능하다.

지금 이 땅의 사람들이 어떤 삶의 척도도 찾지 못하고, 세상은 날로 무분별한 난장판의 극한으로 치닫는다. 오늘 인생과 사회를 말하는 고급 이론이나 현학적인 언어는 이미 진부하다. 그것은 이기심의 언어이며 교만의 언어이며 탐욕의 언어일 뿐이다. 젊은이들이 학교와 종교에서조차 어떠한 삶의 척도도 찾지 못하고, 자살 사이트와 폭탄 제조 사이트에 빠져 있을 때 혼자만의 성불이나 견성은 그렇게 그윽하고 우아하기만 한 것일까?

불교의 실천에 관한 많은 논의들이 있지만 정작 중요한 것은 그 '실천이란 과연 어떤 의미를 지는 것인가?'에 대한 논의가 없다는 것이다. 말만 실천을 앞세울 뿐 그 실천이 구체적으로 무엇인가에 대해서 논의되지 않는 상태에서는 어떠한 실천도 일회적인 캠페인에 불과하다.

불교가 진정으로 가장 행복한 인생, 가장 밝은 사회를 염원하는 인류의 사라지지 않는 꿈이며, 동양의 종교와 문화적 정체성을 대표하는 종교로 거듭나고자 한다면, 지금 이 땅에서 우리의 이웃들이 어떻게 목숨을 이어가고 있는지 보살의 눈, 보살의 마음으로 바라보아야 한다.

보살은 모름지기 그가 살아가는 세계의 어떠한 것도
꺼리거나 싫어하는 일이 없나니
모든 것은 신기루와 같은 것임을 깨닫고 있기 때문이다.
보살은 어떠한 길을 가더라도
그 길에 의해서 더럽혀지지 않나니
일체의 모든 것은 변화하는 것임을 깨닫고 있기 때문이다.
보살은 모든 생명을 위한 헌신에서
어떠한 피로도 느끼지 않나니
자아라고 말할 수 있는 것이 없음을 깨닫고 있기 때문이다.
보살은 일체의 생명을 돕는 일을 결코 싫어하는 일이 없나니
그는 본질적으로 자비의 마음으로 충만한 생명이기 때문이다.

『화엄경』

보살^{菩薩}이란 신분과 계급, 빈부, 성별, 학식의 유무를 차별하지 않고 "중생은 번뇌의 오물에 의해서 더럽혀져 있다. 그러나 더러움 그 자체는 아니다"라는 붓다의 인간 신뢰를 바탕으로 시작된 불교의 자기 회복운동, 바로 대승불교를 열어간 불교의 실천자이다. 보살은 중생의 번뇌 속에 살며 대승불교를 실천하는 구도자이다.

보살이란 범어 '보디사뜨바^{Bodhisattva}'의 음역으로 각유정^{覺有情}, 개사^{開士}라고 옮긴다. 즉 '보디^{Bodhi}'는 부처님을 의미하는 범어 'Buddha'의 어원 '붓드흐^{Budh}'인 '눈을 뜨다'라는 의미와 어원을 같이하고 있다. '사뜨바^{sattva}'는 존재^{存在}, 정신, 지원, 헌신, 용기 등의 뜻을 갖고 있다. 따라서 보살은 '깨달음을 실천하는 사람'이며 '불도의 문을 열어 보이는 사람'이다. 그러므로 보살은 불교적 실천의 능동적인 주체임을 자각하고, 보다 철저한 자기수행과 이타적 실천을 중시하는 대승불교의 실천자이다. 보살이 행하는 이타적 실천의 사상은 일반적으로 '회향^{廻向}'이라는 용어로 표현된다. 즉 선업이든 악업이든 '스스로 업을 짓고 스스로 받는다'라는 의미의 자업자득^{自業自得}의 1차적인 개념조차 벗어나 선업에 의한 결과, 즉 공덕을 자신의 것으로 집착하지 않고 타인에게 되돌려주는 이타적인 실천이 바로 보살의 회향이다.

무엇을 이름하여 보리^{菩提}라고 하며 무엇을 이름하여 살타^{薩埵}라고 하는가? 답하되, 보리는 이름하여 제불의 도^道이며 살타는 이름하여 중생이라고 하며 혹 대심^{大心}이라고 하나니, 이는 사람이 모든 불도의 공덕을 다 증득하려고 하는 마음이 금강산과 같은 것을 이름하여 대심이라고 한다.

일체제불의 법 지혜와 계율, 선정은 능히 일체를 이익케 하나니 이를 이름하여 보리라고 한다. 그 마음을 가히 움직일 수 없으며, 인욕으로써 진리의 길을 이루나니, 끊을 수 없으며 깨트릴 수 없는 이 마음을 살타라고 하네.

『대지도론』권4

보살菩薩

불교의 우화에는 물고기의 생존을 인간의 존재방식에 비유하는 이야기들이 많다. 아무리 먹이가 풍부하고 빛깔 좋은 물고기들이 서식하는 연못이나 강이라고 할지라도, 일단 오염이 시작되면 어느 누구도 그 오염의 독성에서 자유로울 수 없다는 것을 말하는 불교의 우화가 있다. 마찬가지로 인간사회 또한 아무리 경제가 풍부하고 저마다의 인생을 거리낌 없이 즐기고 있다고 하더라도 그 사회의 오염이 깊어지면 인간은 결국 폐수 속에서 사는 어류들과 같이 누구 하나도 그 오염의 독성에서 자유로울 수 없다. 그것이 이른바 물고기의 법칙이며 공존의 법칙이다. 이것을 불교는 공업共業이라고 한다. 이것이 불교가 설하는 공존의 법칙이며, 이 공존의 법칙을 지켜내고 실천하는 사람이 보살이다. 대승불교의 실천자 보살이 지향하는 불교의 완성이란 어느 한 사람만의 깨달음이나 구원으로써는 결코 이루어질 수 없으며, 일체중생이 함께 지혜와 자비의 삶을 체득하는 것이 참다운 불교의 완성이다. 그런 의미에서 보살의 비원悲願과 일체중생에 대한 헌신은 중생의 탐욕과 어리석음이 있는 한 계속된다.

"세존이시여, 아뇩다라삼먁삼보리의 마음을 일으킨 선남자 선여인은 마땅히 어떻게 살아야 하며 어떻게 그 마음을 닦아나가야 합니까?"

"이와 같이 한량없고 헤아릴 수 없고 끝없는 중생을 제도하였으나 실은 중생으로서 멸도를 얻은 이는 없느니라. 무슨 까닭인가? 수보리여, 만약 보살이 아상我相·인상人相·중생상衆生相·수자상壽者相이 있다고 하면 곧 보살이 아니기 때문이니라."

『금강경』「선현기청분善現起請分」

보살菩薩

부처님과 수보리의 대화로 대승불교의 신앙과 사색을 응집시키고 있는『금강경』은『화엄경』『법화경』과 함께 유구한 생명력을 지니고 있는 경전이다. 실로『금강경』은 그 명칭처럼 금강석과 같은 지혜로 번뇌의 뿌리를 잘라내는 경전이다.『금강경』「선현기청분」에 실린 이 말씀에서 수보리는 부처님께 불교도의 삶과 마음에 대해서 묻고 있다. 수보리의 질문에서 '안주安住'란 '편안히 머문다'라는 뜻이 아니다. 이 질문의 원문에서 보이는 '주住'는 '머묾(stay)'을 의미하기보다는 '삶을 영위하는 방식(to live, to exist)'을 의미한다. 따라서『금강경』의 이 구절은 "최상의 보리심을 발한 수행자가 어떻게 수행하여 마음을 바로잡고 어떻게 살아갈 것인가?"라는 질문이다. 이러한 질문은 기본적으로 삶과 마음의 다양성을 전제로 한 성찰과 함께 나아가서는 어떠한 삶과 마음이 그릇된 것이며, 어떠한 삶과 마음이 올바른 것인가에 대한 질문이라고 볼 수 있는 것이다.

이 경전이 이미 경전 자체의 언어를 뛰어넘어 동아시아 불교인의 삶에 끼친 큰 영향은 물론 수없는 불교의 달인들을 배출해 내기까지는『금강경』의 내면에 다른 그 무엇이 모방하거나 추종할 수 없는 깊은 울림이 있기 때문이다. 선종의 육조혜능 또한 젊은 날 거리에서 "머무는 바 없이 그 마음을 사용하라(應無所住而生其心)"는『금강경』의 한 구절을 듣고 선문에 발을 내딛고 있지 않은가.

모든 보살마하살이 궁극의 깨달음을 얻고자 하거든 마땅히 육바라밀을 닦아야 한다. 왜냐하면 육바라밀은 모든 공덕의 어머니로서 지혜와 복을 낳기 때문이다. 만약 보살이 육바라밀 법을 닦는다면 기필코 궁극의 깨달음을 얻으리라. 이런 까닭에 나는 육바라밀 법을 그대들에게 거듭 부촉하는 것이다. 육바라밀은 모든 부처님의 진리가 담겨있는 다함없는 보배의 창고이며, 시방의 모든 부처님이 출현하셔서 설법하심은 바로 모든 육바라밀의 보배창고 속에서 나오신 것이며, 과거의 모든 부처님 또한 육바라밀을 닦음으로써 궁극의 깨달음을 얻은 것이니라. 미래의 모든 부처님 또한 육바라밀을 닦음으로써 궁극의 깨달음을 얻으리니 과거, 현재, 미래의 모든 부처님의 제자들 또한 육바라밀을 닦아야 하느니라.

『대품반야경』「누교품」

현대인은 소승불교의 아라한과 같은 존재이다. 아라한이 곧잘 보살보다 더 열등한 경지로 평가되지만, 현대인은 아라한과 같이 전문성, 도덕성, 자기 관리에 철저한 인간이 되기 위해 노력하고 실지로 그런 인간상이 높이 평가받는다. 현대인의 가장 이상적인 인간상은 바로 아라한이다. 문제는 현대의 아라한들이 감정적으로는 남을 위해 눈물을 흘리지만, 일단 자신의 이익 문제에서는 물불을 안 가린다는 점이다. 바로 이런 점에서 보살도를 설하는 대승불교는 아라한적인 삶에 익숙한 현대인들에게는 잘 맞지 않는 불교라는 생각도 드는 것이다.

이와 같은 현대인의 이중성과 인간적 모순은 보살도를 통해서 극복되어야 하며, 그 구체적인 실천덕목은 바로 육바라밀이다. 육바라밀은 대승불교의 실천자, 보살이 수행하는 가장 기본적인 실천덕목이다. 『반야경』『화엄경』 등 수많은 대승경전에서 보살도 실천의 구체적인 프로그램으로 설해지는 육바라밀은 다음과 같다. ① 보시바라밀은 탐욕을 이기는 자비의 완성이다. ② 지계바라밀은 청정한 윤리적 실천의 완성이다. ③ 인욕바라밀은 분노와 증오를 이기는 평화의 완성이다. ④ 정진바라밀은 태만을 극복하는 수행의 완성이다. ⑤ 선정바라밀은 번뇌의 혼란에서 해탈하는 선禪의 완성이다. ⑥ 반야바라밀은 청정한 반야를 체득하는 지혜의 완성이다. 실제로 모든 『반야경』은 대승불교의 근본적인 수행체계로서 육바라밀의 중요성을 강조하기 위해 존재한다고 보아도 무리가 없다.

전법 傳法

지난 5월 초에 단신으로 출발하여 40여 일 동안 서안과 돈황을 비롯한 실크로드 지역을 여행하고, 다시 낙양의 용문석굴과 소림사 등을 거쳐 돌아왔다. 이번 여행에서는 그동안 마음을 기울여 연찬해 오던 중국 선종의 자취와 현장과 구마라집이 한역한 경전의 산실들, 십대 후반부터 동경해 오던 돈황의 불교예술을 현장에서 참관하는 편력자의 기쁨도 누렸지만, 전통의 수원水源이 고갈되어 버리고 관광객들을 상대로 필름과 유흥을 팔아 지탱해가는 현대 중국의 사원불교를 바라보면서 깊이를 알 수 없는 좌절감을 느끼기도 했다.

그러나 나는 이 여정을 끝맺으면서 또 한 가닥의 길을 발견한다. 그것은 21세기 한·중·일 세 나라의 불교에서 그토록 많은 치욕과 모순의 역사를 견뎌 오면서도, 한국불교가 보존한 교학체계, 선수행의 전통은 오직 속도와 계수에 의해서만 유지되는 현대 동양의 반문명적인 혼돈 속에서 오직 홀로 존재하는, 최후의 순수한 증언자의 불교라는 것을 재삼 확인할 수 있었다.

그렇다면 한국불교는 고갈되어 버린 현대 동양의 불교교학과 선을 더욱 온전히 지켜가기 위한 길을 모색하지 않으면 안 된다. 그것은 내 나라 불교가 더 우월하다는 얄팍한 국수주의도 자만심도 아니다. 다른 무엇보다도 불교의 성숙한 존속에 대한 고민을 안고 살아가는 한 불교인의 성찰이며 자각이다.

불교의 법이 사라지는 것은 본래 악귀에 의해서도, 성문들이 그것을 감추어 버리기 때문도 아니다. 세상에 불법을 듣는 사람이 적어지고 도를 구하는 마음이 빈약해지기 때문이다. 그렇게 되면 법을 설하는 사람도 드물어지고, 법을 듣지 않기 때문에 불신과 의혹은 더욱 커진다. 법을 아는 사람도 그것을 설하지 않고 물러나 숨어 버릴 것이다.

『아촉불국경』

전법傳法

불교가 동양정신의 가장 지고한 차원으로 받아들여지던 한때, 옛 동양에서는 국왕에서부터 촌부에 이르기까지 불법을 듣고 부처님을 향해 얼굴을 돌리고 살아갔다. 그러나 지금 한국이나 중국 할 것 없이 불교교단은 세속 사회와 온전한 관계를 유지하지 못하고 있으며, 잦은 내홍과 금권을 둘러싼 소음으로 일그러진 얼굴로 남아있다. 이런 상태가 계속된다면 불교는 곧 법의 존속을 염려해야만 할 것이다.

중국불교의 초전사찰, 낙양의 백마사 스님들은 관광객들이 종을 쳐보고 주는 돈 몇 푼을 받기 위해서 자리를 지키고 앉았고, 소림사는 상징적인 달마의 사찰일 뿐 불교서적 한 권 내놓지 않고 살벌한 칼과 창을 파는 무술용품 가게로 가득 차 있고, 이소룡이나 이연걸의 흉내를 내는 소년들이 "끼아악, 끼아악" 소리를 지르며 뛰어다니는 무술학교로 변하고 말았다.

스님들이 관광객들에게 무술시범을 보이고 몇 푼씩 받는 비감한 광경도 보았다. 그토록 방대하고 깊은 사상적 성과를 낳은 중국불교 교단이 붕괴하고 유적만 남은 오늘 중국불교의 한 단면을 지켜보며 『문명의 충돌』이라는 책을 쓴 샤무엘 헌팅턴의 "불교는 동양의 거대 종교이기는 하지만 거대 문화로서의 생존에는 실패했다"라는 독설이 떠오른다. 아무리 방대하고 화려한 조직과 경제적 위세를 자랑하는 불교교단도 스스로를 지켜나가지 않으면, 법의 존속을 위해 정진하지 않으면, 그렇게 세월의 흐름과 함께 허망하게 붕괴되고 만다는 사실을 극명하게 보여주는 것이다.

사람에게는 옛날과 지금이 있으나 법에는 멀고 가까움이 없다. 사람에게는 어리석음과 지혜로움이 있으나 도에는 성함과 쇠함이 없나니, 비록 부처님 당시에 살았다고 할지라도 부처님의 가르침을 따르지 않았다면 무슨 이익이 있었겠는가. 아무리 말법시대라고 하더라도 부처님의 가르침을 받들어 행한다면 무엇을 근심하리요.

야운, 『자경문』

돈황에 7일 동안 머물며 막고굴을 참관했다. 막고굴의 서늘한 어둠 속에서 부처들, 보살들, 성문, 제자, 신자, 동물, 산천초목은 열반의 미소와 깊은 질감을 가진 색채 속에서 그 몽환과 같은 모습을 드러냈다. 깊은 호흡을 내쉬며 막고굴 앞의 오아시스를 향해 걸어 나오던 어느 오후, 나는 백양나무 숲 속에서 우는 뻐꾹새 울음소리를 듣고 현기증을 느꼈다. 놀랍게도 사막 한가운데의 오아시스에서 들려오는 그 소리는 한반도 남부의 산사에서 "뻐꾹 뻐꾹" 하며 우는 뻐꾹새 울음소리와 같았던 것이다. 그 새들은 수천 년 전부터 그렇게 사막 한가운데의 오아시스에서, 남녘의 산사에서 울고 있었던 것이다.

귀로 들으면 문聞이라고 하고, 의심하지 않으면 신信이라고
하며, 받아들여서 버리지 않으면 수受라고 하며, 수하여 잃
어버리지 않으면 지持라고 한다.
경전을 읽고 사유하면 독讀이라고 하고, 경전을 덮고서도 사
유할 수 있으면 송誦이라고 하며, 언어로써 법을 펼 수 있으
면 설說이라고 하고, 직접 몸과 마음으로 실천하면 행行이라
고 한다.

『유마경통윤소』

지난 2001년 5월 10일 서안에서 2박 3일 기차를 타고 석양 노을 속의 돈황에 도착했다. 예부터 중국과 서역을 연결하던 감숙성의 하서회랑을 통과하면서 본 턱없이 황량한 자연, 투르판에서 구마라집 삼장의 고향 쿠차로 가는 길목에서 본 바람과 태양뿐인 모래바다, 타클라마칸 사막은 이상하리만큼 시간감각을 빼앗아 버린다. 모든 것을 단념하고 당장 눈앞의 필요에 의해서만 움직이게 만드는 폭력적이리만큼 가혹한 자연환경이었다.

인도불교의 정신적인 활력이 정점에 도달했을 때부터 불교 승려들은 죽음을 무릅쓰고 이 사막을 건너왔다. 나는 그 사막의 푸른 밤하늘을 가득 메운 별빛 아래 일부러 노숙하면서 '그들로 하여금 이 무모하고 엄청난 도전을 하게 만든 불교의 큰 힘은 무엇일까?'라고 물었다. 사막의 밤하늘에서 가장 밝게 빛나는 별이 말했다.

"어리석은 나그네여, 불교의 큰 물결이 동쪽으로 흐른 힘은 바로 부처님의 가르침에 대한 신심이며 경전의 가르침에 대한 확신이네."

길을 잃은 구도자들, 승가는 부처님의 말씀, 즉 경전으로 돌아가야만 한다. 경전을 몸으로도 읽고 마음으로도 읽어서 부처의 길을 찾아야 하는 것이다. 하지만 지금 불교교단 안에서조차 발심과 견성, 도를 구하고 마음을 닦는 이야기를 하면 덜떨어진 인간으로 취급받는 피폐한 현실은 확실히 완연한 말법의 퇴폐가 무르익었다는 반증이다.

함께 도를 닦는 여러 벗들이여. 인생은 한 순간의 꿈과 같이 짧다. 부디 시간을 아껴야만 한다. 공연히 무리 속에 휩싸여 입으로만 선을 찾고 명칭과 문자에 집착하여 조사를 구하고 부처를 구하며 선지식의 생각을 구하면서 갈팡질팡 거친 망상 속에서 깨어나지 못하는구나. 이와 같은 생활 속으로 어느덧 비정한 죽음의 손길이 찾아들 것이다.

임제스님, 『임제록』

부처님 앞에 오직 홀로 선 인간은 시대와 환경의 굴레를 초월한다. 선으로 가는 길에서 보자면 가족은 물론 금권마저 바람처럼 여기고 임제선사의 언급처럼 '적육단상의 무위진인', 즉 '알몸뚱이에 한 차별 없는 참사람'으로 부처님 앞에 홀로 서서 인생을 묻는 것이 구도자의 삶이다. 그럼에도 우리는 시대나 환경을 탓하고 남을 탓하면서 자신이 선택한 삶의 원점에서 도피하려고만 한다. 바로 여기서 모든 말법의 퇴폐가 시작되는 것이다. 확실히 우리는 금권의 중독과 온갖 유흥에서 깨어나 좀더 진지한 눈으로 인생과 세계를 바라볼 필요가 있다.

사막의 모래 속에서 모습을 드러낸 옛 불교사원의 유적들을 바라보면서 나의 눈, 나의 눈이 갖고 있는 생각들이 얼마나 하잘 것 없는 지식에 대한 갈망과 슬픔으로 가득 차 있는지 알 수 있었다. 그날 밤 숙소의 창밖으로 보이는 감숙성 서쪽 끝 돈황의 달은 아주 푸른빛을 띠고 있었다. 보름달이었다.

신구의^{身口意} 삼업^{三業}

신구의身口意 삼업三業

인간은 몸과 언어, 생각으로 선업이든 악업이든 업을 짓는다. 이를 신구의身口意 삼업三業이라고 한다. 즉 신체적인 행위로 인한 업은 신업身業, 언어로 인한 업은 구업口業, 정신적인 업은 의업意業이라고 한다. 기본적으로 인간은 어떤 직업을 갖고 있든 이 삼업으로 일을 해서 노동의 대가를 얻고 자신과 가족을 부양한다. 그러므로 오늘 당신이 정신과 행동으로 지은 업은 이 삼업으로 총결된다. 이 세 가지 업이 축적되어 에너지를 가진 업력이 우리를 지배하게 되면, 업의 훈습薰習은 거듭되어 이 세상을 고통의 바다로 만들고 심지어는 당신의 얼굴, 생각마저도 그 업의 훈습에 따라 변하게 된다. 모든 사람들이 서로에 대한 신뢰를 산산조각 낸 지금, 난마처럼 얽혀서 공황상태에 빠져버린 지금, 현대 한국인은 번뇌와 증오, 악설과 망어로 일그러진 삼업의 지옥 속으로 침몰하고 있는 중이다.

불교는 악몽을 꾸는 이 시대를 향하여 무엇을 말하고 어떤 행동을 보여주고 있는가? 지금 어떤 고급스러운 깨달음이나 현학적인 교학보다도 더욱 간절하게 요청되는 것은 '현대인은 어떻게 살고 죽어야 하며 타인을 어떻게 대해야 하는가?'에 대한 화두를 풀어갈 소박하고도 명료한 행동의 가르침일 것이다. 무엇보다도 우리 시대의 불교는 불교의 근본자리로 돌아가 '잃어버린 차원의 불교'를 창조적으로 복원해야 하는 것이다.

선남자, 선여인들에게 세 가지 법이 있다면 진리의 도량에 이르게 되나니 그 세 가지란 무엇인가.

첫째는 신체의 청정(身淨)이요, 둘째는 입의 청정(口淨)이요, 셋째는 생각의 청정(意淨)이다. 이 세 가지 법을 갖추면 부처님의 도량에 이르게 되나니 무엇을 이 몸의 청정이라고 하는가. 몸은 이미 한량없는 자비와 지혜의 실천을 닦아서 과거의 업은 벌써 참회하고 멸하여 다시는 몸으로 악업을 짓지 않는다. 어떤 것을 입의 청정이라고 하는가. 부처님의 영원한 가르침을 익히고 닦아서 깊고 큰 법장法藏을 상하게 하지 않는 것, 이것을 입의 청정이라고 한다. 무엇을 생각의 청정이라고 하는가. 번뇌로 오염된 마음과 집착에서 벗어나 다시는 악업을 짓지 않는 것, 이것을 생각의 청정이라고 한다.

『보살영락경』「무량품」

지금 우리의 불교는 무언인가? '깊은 차원'을 잃어버린 불교이다. 중앙아시아와 중국 내륙의 여러 지역을 순례하면서 과연 우리가 잃어버린 '잃어버린 차원의 불교란 무엇인가?'라는 화두를 내내 가슴에 품고 다녔다. 현대불교의 문제는 바로 '깊이의 차원'을 상실했다는 점에서 시작된다. 잃어버린 차원의 불교, 깊이를 상실한 불교인 것이다.

현대불교가 잃어버린 차원이란 무엇인가? 첫째, 현대불교는 부처님과 조사의 가르침을 받들고 신앙을 불러일으키는 '앙교생신仰敎生信'을 기초로 한 불교의 종교성을 상실했다. 조선불교의 대표적인 고승 서산대사께서 설하신 불교는 항상 깊이의 차원을 염두에 둔 가르침이었으며 불교수행의 필요성과 그 실천을 강조한 불교였다.

둘째, 우리는 종교로서 불교의 깊은 차원을 상실했다. 현대불교는 불교교단의 존재와 전망을 계수와 크기로만 생각할 뿐 불교적으로 사유하지 않는다. 원효가 설한 영지靈智를 상실한 것이다. 원효는 "근원적인 지혜는 깊고 그윽하여 헤아리기 어렵나니 무궁한 가르침을 출생시키는 것이 바로 영지이다"라고 설하고 있다.

셋째, 현대불교는 학문과 수행의 체계를 잃어버렸다. 승가가 자본주의자, 세속적인 성공주의자들의 집단으로 변해버린 지금, 무엇보다도 불교는 비록 가난하고 고독하더라도 수행의 깊은 경지를 되찾아서 기형적이고 부패한 현대한국의 배금주의, 이기주의적 오염을 극복한 불교수행의 승리를 보여주어야 한다.

유정세간 인간과 기세간 자연의 여러 차별은 무엇으로 생성
되는가? 송하여 가로되,

세간의 차별은 생각과 생각으로 지어진 업으로 생성되나니,
생각은 곧 의업意業이며, 지어지는 업은 신업身業과 어업語業이
라고 한다.

『구사론』「분별업품」

신구의身口意 삼업三業

『구사론』은 인간의 삼업三業을 매우 정교하고도 치밀하게 설한다. 불교의 경전과 논서들은 분명한 입장과 성격을 갖고 있다. 그것은 지식과 사상 이전의 문제, 문화 이전의 문제로서 '인간은 어떻게 이 고뇌와 윤회의 굴레에서 해탈할 수 있는가'라고 묻고 그 길을 보여주는 가르침이다. 선의 분상에서 말하는 '생사일대사生死一大事'의 냉엄한 화두이다. 불교경전과 논서의 가르침은 업과 윤회, 고뇌와 해탈, 자비와 지혜의 실천과 같은 인간의 원초적인 문제들, '생사일대사'의 화두를 방대한 규모로 다루고 있는 것이다.

그러나 문제는 우리가 깨달음과 견성을 위해 수행하고 연구하지만, 수면상태에서 깨어나지 못하는 한 그 경전과 논서의 가르침은 다만 지식과 사상의 울타리에서 더 나아가지 못하게 된다는 것이다.

『구사론』「수면품」이 설하는 바와 같이 인간은 수면 상태에 있다. 수면이란 업의 원인이 되는 미혹과 번뇌의 상태, 즉 우리가 꿈을 꾸고 있는 상태이다. 수면을 의미하는 범어 '아누샤야anusaya'는 초기경전 『아함경』에서도 번뇌와 동의어로 사용되는 술어이다. 더 정확히는 아직 행위로 나타나지 않고 마음속에 잠재되어 있는 악의 원인이 되는 심리적 성격과 그 경향을 의미하는 것이다.

신구의^{身口意} 삼업을 잘 닦아서
부처님과 같은 위의를 얻고서는
선법^{善法}을 깊이 닦아서 행하는 바가 날로 수승해지며
대승의 가르침을 배워 보살도의 실천자가 되어
몸과 마음에 방일함이 없나니
이와 같은 법을 행한다면 바로 이름하여
보살이 세상을 살아가는 길이라고 한다.

『유마경』「보살행품」

깊이의 차원을 상실한 불교는 현대인들에게 인생과 세계에 대한 어떤 해답도 줄 수 없다. 즉 '인생의 의미란 무엇인가?' '우리는 어디서 와서 어디로 가는가?' '짧은 인생을 어떻게 살아야 하는가?'라는 문제에 대한 어떠한 방향이나 해답도 갖고 있지 않기 때문에 사람들은 대량복제의 시대에 복제품으로 살아가면서 유산계급의 자녀들이 나와서 몸을 흔들어대며 괴성을 질러대는 TV만을 맥없이 바라보면서 살아가게 되는 것이다.

여기서의 '잃어버림'이란 망각, 상실, 붕괴를 말한다. 이 '깊은 차원을 잃어버린' 결과는 매우 신속하며 광범위한 차원에서 도미노 현상처럼 일어나 승가를 부실하게 만들어 버린다. 깊이의 차원을 상실한 불교는 실천을 전제로 한 프로그램 목록과 구호를 앞세우지만, 대중들에게는 어떠한 신뢰도 받지 못하며 언제나 자금의 부족을 느끼는 자본주의에 길들여져 있을 뿐이다.

몸을 가벼이 움직이지 않으면 산란한 마음을 다스려 선정禪定을 이루고 말이 적으면 미혹을 돌이켜보아 지혜를 이룬다. 실상實相은 언어를 떠난 것이며 진리는 경거망동하지 않는다. 입은 모든 화근의 문이니 반드시 엄하게 지키고 몸은 모든 재앙의 근본이니 경거망동하지 말아야 한다. 자주 나는 새는 그물에 걸리기 쉽고, 가벼이 날뛰는 짐승은 화살을 맞을 위험이 있다. 그러므로 부처님께서는 설산에서 6년 동안 앉아 움직이지 않으셨고, 달마는 소림굴에서 9년 동안을 무언으로 침묵하셨다. 후세에 참선하는 사람들은 어찌 이 일을 본받지 않는가?

야운, 『자경문自警文』

고려 야운스님의 『자경문』은 불교수행자가 처음 출가하여 익히는 『초발심자경문初發心自警文』에 속한 교과 중의 하나이다. 『자경문』은 그 이름처럼 '스스로를 일깨우는 글'이다. 옛 스님들의 생애를 반추해 보면 생애 내내 고행과 절제, 탐구와 자비로 이어지는 수도생활에서 혹시 느슨해지는 자신을 추슬러 일으켜 세우기 위한 여러 형태의 『자경문』을 많이 지으시고 또 읽어왔다는 것을 알 수 있다.

그러므로 『자경문』은 현실과 고투하면서 수행의 끈을 놓지 않은 옛 스님들의 정신세계를 온전히 보여주고 있다. 동시에 『자경문』에는 불교가 오랜 세월 탐구하고 쌓아온 업과 해탈의 가르침, 깨달음이 숨 쉬고 있는 것이다. '호모파베르(물건을 만드는 동물)'라는 인간상에만 익숙해져 있는 우리는 보통 불교가 설하는 수도정신을 어딘지 무섭거나, 살아있는 내내 번뇌와 사멸의 공포를 짊어지고 걸어가야 할 인간의 어두운 숙명을 설하고 있다고 생각한다.

그러나 불교는 장의사의 종교가 아니다. 불교는 치밀하고도 깊이 있는 안목으로 인간이 덧없는 애증과 탐욕으로 삶을 허비하는 환상을 일깨우고, 우리의 정신적 능력을 올바르게 사용하는 법칙을 설하는 지혜와 자비의 가르침이다. 우리는 진정 '스스로를 일깨우는 자경문'을 쓰고 거울로 삼을 정도로 진지한 삶을 살아가고 있는 것인가?

몸

몸에 대한 관심이 높아지면서 사람들은 성형과 살빼기, 건강요법 등 여러 가지 방법으로 몸 가꾸기에 많은 노력을 기울인다. 현대인들에게는 몸이야말로 인생이라는 벤처에서 가질 수 있는 최후의 재산이며 신중한 관리 대상이다. 불교는 몸에 대해서 비교적 냉정한 시각을 갖고 있어서 초기경전의 도처에서는 '몸은 중생을 유혹하는 악마의 갈고리', '몸은 고통의 그릇'이라고 설하며 이 몸 즐겁자고 추구하는 욕망이야말로 업과 번뇌의 원인이라는 서늘한 경계를 내리고 있다.

그르므로 전통적으로 불교수행자들은 몸을 조복 받고, 몸의 청정을 위해서 고행의 가시밭길을 걸었다. 몸은 번뇌와 고통의 덩어리였던 것이다. 그렇다면 불교의 경우, 몸은 단지 버려야 할 깨진 그릇에 불과한 것일까? 분명히 아니다. 불교는 이 몸 즐겁자고 하염없이 쌓아가는 악업의 도미노는 명백히 거부된다. 하지만 또 다른 방향에서는 이 몸이야말로 부처가 되는 그 날까지 잘 이끌어야 할 수행의 밑천이기도 하다. 그래서 "사람의 몸을 얻기는 어렵지만 불법을 만나기는 더욱 어렵다"라는 정형구가 대장경의 숲에는 가득한 것이다.

몸은 가장 극명하게 인간이 가질 수 있는 이율배반의 양향성을 보여주는 위력적인 업력의 실현체이다. 때문에 마음보다 더욱 더 깊고 밀도 있는 수행이 필요하다. 불교 수행의 출발점은 바로 몸으로 인한 악업의 연쇄작용을 끊고 이 몸을 지혜의 그릇으로 사용하는 데 있다.

선사께서 항상 제자들에게 말씀하셨다.

"마음이 비록 몸의 주인이지만 몸이 마음의 사표가 되어야 한다(心雖是身主 身要作心師). 그대들이 도를 생각하지 않는 것을 근심할 것이지 어찌 도가 그대들을 멀리하랴. 설사 무지렁이라고 할지라도 번뇌의 굴레에서 벗어날 수 있다. 내가 구하면 마음도 따라오니 도사와 교부 같은 위대한 사람인들 어찌 종자가 따로 있겠는가!"

무염, 「대낭혜화상백월보광탑비」(충남 보령 성주사)

이 명료한 법어는 한국 선불교의 원형을 담고 있는 구산선문九山禪門 가운데 성주산문의 조사, 무염선사(無染, 800~858)의 몸과 마음에 대한 가르침이다.

선은 마음의 깨달음을 지향하는 불교이니만큼 상대적으로 몸에 관한 깊은 통찰을 보여준다. 우리는 보통 선은 마음의 깨달음을 설하는 가르침이라고 생각하고, 이를 관념적으로 로고스의 사유만으로 바라본다. 그러나 몸의 수행이 없는 깨달음이란 추단推斷일 뿐이며 화려하지만, 곧 지워질 가면 위의 화장과도 같은 것이다.

선은 몸과 마음으로 도를 배우는 '신심학도身心學道'의 가르침이며 좌선은 그 몸과 마음을 바로잡기 위한 수행법이다. 몸과 마음의 단좌斷坐에서 화두에 대한 의단疑團도 이루어지고 견성도 있는 것이다.

여기에 선수행의 치열한 일면이 있다. 몸과 마음을 분리하지 않는 선의 가르침이야말로 '깨달으면 어떻게 되는가?'를 몸으로 증명하는 가르침인 것이다. 그것은 『장아함경』에서 설해지는 부처님의 '자신작증自身作證' 또는 임제의 '체구연마體究鍊磨'라는 선언에서도 확인된다. 종교와 사상, 문화의 영역에서는 아무리 방대하고 정교한 체계가 확립되더라도 원형이라는 것은 쉽게 변하지 않는 것이다. 오히려 원형이 진실을 보여준다.

밀린다왕이 물었다.

"나가세나 존자여, 출가한 자에게 육신은 소중합니까?"

"아닙니다. 출가한 자는 육신에 애착하지 않습니다."

"그렇다면 왜 그대들은 육신을 아끼고 사랑합니까?"

"그대는 싸움터에 나가 화살을 맞은 일이 있습니까?"

"예, 있습니다."

"대왕이여, 그런 경우에 상처에 연고를 바르고 기름 약을 칠하고 붕대를 감았습니까?"

"그렇습니다. 그렇게 했습니다."

"그렇다면 연고를 바르고 기름 약을 칠하고 붕대를 감은 것은 그 상처가 소중해서입니까?"

"아닙니다. 상처가 소중한 것은 아니었습니다. 상처가 붓고 곪을까봐 그렇게 했을 뿐입니다."

"대왕이여, 마찬가지로 출가자에게는 몸이 소중한 것이 아닙니다. 출가자는 육신에 집착하는 것이 아니라 청정한 수행을 이루기 위해 육신을 유지합니다. 대왕이여, 육신은 상처와 같은 것이라고 세존께서 말씀하셨습니다. 따라서 출가한 자는 육신을 상처처럼 보호합니다."

『밀린다왕문경』

몸

불교수행자는 몸을 어떻게 인식하고 있는지 잘 보여주고 있는 이 대화는 기원전 2세기 후반 서북 인도를 지배한 그리스의 밀린다왕과 불교승려 나가세나 존자와의 대론對論으로 이루어진 『밀린다왕문경』의 한 장면이다. 몸의 즐거움을 위해서 몸에 애착하는 것이 아니라, 청정한 수행을 이루기 위해 몸을 유지한다는 나가세나의 대답은 간단하지만 불교의 치밀한 인간관을 잘 보여준다.

그것은 지난 세기 인류의 인문학과 과학이 무슨 큰 발견이나 한듯 흥분했던 '심신동일성心身同一性'의 영역을 넘어서 이 몸, 이 육신이야말로 그대로 부처님이 깃드는 집이라는 명제 위에서 확립된 수행론이다. 즉 고해를 건너는 중생에게 몸은 배, 마음은 타수舵手와 같아서 몸이 죽으면 마음도 죽는다는 이야기이다.

'소나'라는 부처님의 제자가 있었다.

그는 목숨을 걸고 아주 준엄한 고행을 계속했지만 마음의 평화를 찾을 수 없었고 오히려 질긴 번뇌가 그를 괴롭혔다. 마침내 소나가 수행을 포기하려 할 때 부처님께서 물으셨다.

"소나여, 그대는 집에 있을 때, 무슨 일을 잘했는가?"

"대덕이시여, 거문고를 좀 뜯을 줄 알았습니다."

"그렇다면 소나여, 거문고 줄을 아주 팽팽하게 죄면 어떠한가, 켜기에 좋은가?"

"대덕이시여, 너무 팽팽하면 좋지 않습니다."

"줄을 아주 느슨하게 하면 어떠한가?"

"대덕이시여, 그리하면 제 소리가 나지 않습니다."

"소나여, 그와 같다. 거문고 줄이 너무 팽팽하거나 너무 허술해서는 좋은 소리를 내지 못할 것이다. 도(道)의 실천도 그와 같으니라. 쾌락에 빠지는 일이나 고행을 일삼는 것은 다 바른 태도는 아니다. 또 지나치게 서둔다면 고요한 심경을 기대할 수 없고, 너무 긴장을 푼다면 게을러지기 쉽다. 그대는 그 중간을 취하도록 하여라."

『잡아함경』 9

초기불교의 비구들은 부처님의 가르침을 자신작증(自身作證)하려는 신념이 매우 강한 분들이었다. 그들은 그다지 젊지도 늙지도 않은 나이에 자신에게 기쁨을 줄 수 있는 세속을 나온 이 반항자들은 온몸을 흙투성이, 피투성이가 되어 헐벗고 굶주리며 햇볕에 그을리면서 오직 부처님의 가르침을 구하는 일념으로 인도의 산과 강, 황무지와 거리를 떠돌았다. 당연히 목숨을 건 고행도 있었다.

나는 개인적으로 여러 불교문헌에 등장하는 붓다의 우수한 제자들을 단순히 초기불교 교단의 일원으로서 뿐만 아니라 붓다(기원전 624~544)와 동시대의 인도에 나타나 철학자로서 수도자로서 살아갔던 인간으로 파악하고 싶다. 그들은 동시대 그리스의 소피스트들보다 훨씬 치열하고 준엄하게 철학의 길을 걸어갔으며 수도자로서의 삶을 산 인간들이다.

초기불교 비구, 비구니들의 자전적인 삶을 보여주는 『장로게』『장로니게』에는 극한의 고행에도 불구하고 진리의 빛을 발견할 수 없자, 마침내 자살을 결행하려는 순간 마음의 해탈을 얻는 이야기가 자주 나온다. 그만큼 스승의 가르침에 대한 믿음도 강했던 것이다. 단지 몸을 괴롭히기 위한 극한의 고행은 깨달음의 길이 아니라는 것은 붓다의 초기수행에서도 발견되는 것처럼 몸이 마음을 갉아먹어서도 안 되고 마음이 몸을 갉아먹어서도 안 된다.

소나 비구에 대한 부처님의 가르침은 바로 불교의 실천적인 중도(中道)를 유연한 비유로서 입증한다. 그래서 중도는 하늘에 빛나는 태양과 같다고 한다.

오온산중의 옛 불당에서
온 밤 내내 빛을 발하시는 비로자나부처님
만약 여기서 같고 다른 차이가 없음을 깨닫는다면
곧바로 화엄의 가르침 시방에 두루하리라.

관계화상의 게송, 『종경록』 권98

불교는 인간의 존재를 오온五蘊으로 본다. 오온이란 인간존재를 구성하는 다섯 가지의 물질적, 심리적 요소로 구성되어 있는 색수상행식色受想行識을 말한다. 즉 ① 흙덩어리 같은 색온色蘊, 물질적 요소(色如聚沫). ② 물거품과 같은 수온受蘊, 인상작용(受如泡沫). ③ 아지랑이 같은 상온想蘊, 표상작용(想如陽炎). ④ 파초와 같은 행온行蘊, 의지, 맹목적인 충동(行如芭蕉). ⑤ 몽환과 같은 식온識蘊, 순수감각, 의식(識如夢幻).

여기서의 '온蘊'이란 범어 '스칸다skandha'의 역어로서 '집적集積' '쌓임' '부분' '분단分斷'을 의미한다. 『종경록』에 수록되어 있는 관계지한(灌溪志閑, ?-895) 선사의 이 계송은 저 머나먼 겁의 저편에서부터 인간의 업을 구성해 온 오온이야말로 털끝마다 빛을 발하는 비로자나부처님이 계신 옛 법당이며, 이 법당의 진실을 안다면 바로 이 세상이 화엄의 법계라고 설한다.

굉장한 인간 긍정의 사상이 아닐 수 없다. 그러나 여기에 단서가 붙는다. 이 옛 법당의 비로자나부처님은 "일체중생은 모두 불성을 본래 갖추고 있다"는 대승불교의 인간관을 아무런 내부 준거 틀이나 윤리도 없이 무한소급, 즉 깨달음이라는 선의 테제를 무규정, 무작정 적용시키는 구두선口頭禪이 아니라, 우리의 오염된 오온이 비로자나부처님이 빛을 발하는 법당으로 성숙될 때의 일이라는 것이다. 여기 이 계송의 원문을 적어둔다.

"五蘊山中古佛堂 毘盧盡夜放毫光 若知此處非同異 卽是華嚴十方."

마음의 평화

그들은 신의 이름으로 모든 것을 파괴했다. 이 글을 쓰는 지금(2001년 9월) 나의 뇌리에는 2001년 9월 11일 고강도 테러로 일어난 미국 뉴욕의 대참사와 지난 3월 파괴된 바미얀 대불이 기묘한 대비를 이루면서 떠오른다.

고대불교의 신성함을 상징하고 있는 바미얀 대불과 수많은 인명이 죽고 파괴되어 버린 뉴욕의 무역센터는 현대의 경제적 성취를 대표한다. 공교롭게도 정신과 경제의 극적인 대비의 정점을 보여주는 두 상징을 파괴한 세력은 다름 아닌 종교의 이름을 앞세운 이슬람 과격원리주의자들이다.

종교마저도 욕망에 기초한 인간관, 즉 만인에 대한 만인의 투쟁을 위한 도구로 사용되는 현대사회는 극도로 위험한 사회이다. 아무리 막대한 경비를 쏟아 부어 방지책을 마련한다고 하더라도 어느 한 순간에 지금까지 생각도 할 수 없었던 처참한 파괴와 고통이 다가온다.

현대인은 뉴욕의 테러 대참사와 같은 끔찍한 일들이 순식간에 일어날 수 있는 위험한 사회 속에서 인간성을 잃은 채 그냥 먹고 즐기며 번식하는 생물의 한 종으로만 살아가고 있는 것이다. 이것이 오늘 종교의 깊은 차원을 잃어버리고 문명화된 인간의 모습인 것이다.

부처님께서 제자들과 함께 마가다국의 수도로 향하는 길이었다. 들판에 불길이 번지고 있었다. 부처님께서는 불길을 가리키며 말씀하셨다.

"비구들이여, 저 들녘을 보라. 모든 것이 불타오르고 있다. 치열하게 활활 타오르고 있다. 불타는 것이 저 들녘만이 아니다. 사람들의 눈이 불타고 있다. 사람들의 혀와 몸, 마음도 불타오르고 있다. 비구들이여, 그것들은 무엇에 의해 불타고 있는가. 그것은 탐욕의 불길에 의해 타오르고 있으며, 분노의 불길에 의해 타오르고 있으며, 어리석음의 불길에 의해 타오르고 있다."

남전대장경, 『상응부경전』「연소燃燒」

나는 지금부터 한 승려의 전쟁과 평화에 대한 기억을 이야기하고자 한다. 언제였던가. 1991년 11월 셋째 주에 나는 '불교와 국제평화'라는 주제로 열린 세미나에서 한 스님을 만났다. 그는 베트남 호치민 시에서 온 티치 민 챠우Thich Minh Chau였다. 기나긴 전쟁의 세월과 비탈진 삶의 굴곡을 걸어 나온 그의 얼굴은 일흔이 훨씬 넘은 노령에도 불구하고 순박한 미소와 투박한 강인함을 보여주었다.

그러나 지금 그는 이미 숨을 거두었을 것이다. 사람들은 그의 느린 영어에 귀를 기울였으며 전쟁의 참화와 공산화 이후 그 가혹한 사상개조캠프에서도 살아남은 이 생존자에게 경의를 표하고 있었다.

'불교윤리와 평화'라는 주제의 논문을 발표한 그는 많은 사람들의 질문을 받았다. 그가 준비한 논문의 용지는 그 당시 베트남의 사정을 말해 주듯 아주 거친 종이에 수동식 타자로 작성되어 있었다. 미국, 일본의 학자들이 준비해 온 말쑥한 논문용지와 긴 논문과는 확실히 대조적이었다. 그러나 그의 수공업적인 용지에 담긴 짧은 논문은 어느 저명한 학자의 논문도 흉내 낼 수 없는 체험자의 진실과 희망이 담겨 있어서 사람들을 숙연케 했다. 그의 답변은 언제나 간명하고 깊은 인간관과 평화의 통찰에 바탕을 둔 사상의 깊이가 있었다. 그것은 바로 전쟁의 참화를 겪은 베트남의 불교승려가 현대사회에 나직한 목소리로 들려주는 평화의 법문이었다.

부처님께서 사밧티의 거리에서 탁발하고 계시던 아침에 일어난 일이었다. 어떤 난폭한 사람이 부처님께 욕설을 하며 다가와 흙을 집어 던졌다. 그때 한 줄기 바람이 불어왔다. 흙먼지가 던진 사람의 얼굴을 뒤덮었다. 부처님께서 흙먼지를 터는 그에게 다가가 말씀하셨다.

"만약 이유도 없이 나쁜 말을 하고
욕설을 퍼부어 다른 이를 더럽히고자 한다면
그 악은 오히려 자신에게 돌아오리라
흙을 집어 그 사람에게 던지지만
바람이 거꾸로 불어 오히려 자신을 더럽히듯이."

남전대장경, 『상응부경전』「비란기가」

마음의 평화

호기심에 가득 찬 사람들은 베트남 불교도들이 겪었던 전쟁과 세계를 경악시켰던 승려들의 소신공양에 대해서 물었다. 티치 민 챠우는 말했다.

"참혹했던 베트남 전쟁에 대한 불교도들의 인식은 아주 분명합니다. 그것은 인류에게 끝없는 해악을 끼치는 탐욕과 분노, 어리석음의 결과였습니다. 우리는 고대에서부터 중국에 항거했으며 최근에는 프랑스와 미국의 폭력에 항거했습니다. 모든 식민제국주의자들이 그렇듯이 그들은 자신들의 이익을 위해 베트남의 국가 기초와 인민을 무참히 살육하고, 이데올로기와 평화라는 정치적 명분으로 침략의 의도를 위장했습니다. 평화는 정치로써 이루어지는 것이 아닙니다. 가장 중요한 것은 마음의 평화입니다. 탐욕이 있는 한 마음의 평화는 이루어질 수 없으며 마침내는 전쟁을 불러일으킵니다. 여러분은 평화에 관해서 이야기할 때 반드시 전쟁의 참화에 대한 각성을 전제로 평화를 이야기합니다. 그러나 어떤 참혹한 결과에 대한 후회로 말미암아 필요해진 평화는 참다운 평화가 아닙니다. 평화가 깨어진 것에 대한 후회 때문에 지속되는 평화는 그곳에 또 다른 후회를 불러일으킬 업의 씨앗을 갖고 있습니다. 그러므로 전쟁의 참화 속에서 살아남은 사람들은 큰 정신적 상흔으로 인해 인위적이며 위장된 평화를 더 이상 믿지 않게 됩니다. 진정한 평화는 마음의 평화입니다."

어리석은 자는 큰 목소리로

악담과 잡담을 늘어놓고 승리했다고 우쭐댄다.

그러나 참된 승리는 훌륭하게 인내할 줄 아는 자의 것

분노하는 자에게 분노로써 갚는 것은

어리석은 짓이네

분노하는 자에게 분노로써 갚지 않으면

두 가지 승리를 함께 얻나니

바른 마음으로 자신을 다스려

자신에게도 승리하고

동시에 남에게도 승리하리라.

남전대장경, 『상응부경전』 아수라왕

그는 사람들에게 본질적인 평화란 마음에서 시작하는 것
이라고 말했다. 개인의 사소한 욕망이 집단 이기주의를 낳
고 마침내는 큰 전쟁으로 확대되는 탐욕과 폭력의 관성에
대한 철저한 반성이 없는 평화란 힘의 이름으로 강요되는
위장된 평화라는 것이다. 티치 민 챠우의 발언은 그 자신
이 체험과 평화에 관한 깊은 통찰이 담겨 있어서 사람들의
공감을 얻었다. 나는 이 노 선배에게 물었다.

"지금 베트남은 사회주의체제를 유지하고 있는 것으로 압
니다. 아시아의 많은 젊은이들이 사회주의와 불교의 성향
이 유사한 것으로 보고 있는데, 이 문제에 관해 많은 체험
을 갖고 계신 스님의 관점을 말씀해 주실 수 있겠습니까?"

그때만 해도 나의 머리는 얼토당토않은 뒤죽박죽 문제로
달구어져서 뜨거웠다. 유난히 하얗고 긴 눈썹을 가진 티치
민 챠우는 한참의 침묵 뒤에 조용히 입을 열었다.

"그 질문은 매우 깊은 지혜를 필요로 하는 질문입니다. 불
교에서 중요한 것은 이념의 문제가 아닙니다. 지금 필요한
것은 우리 모두 고통 받는 인간이라는 깨달음입니다."

그랬었다. 티치 민 챠우의 침묵처럼 인간성의 깊은 영역에
서는 '예, 아니오' '이것, 저것'이라고 답변할 수 없는 문제가
너무나 많았다. 나는 휴식 시간에 그의 곁에 가서 말했다.

"아까 매우 어리석은 질문을 드려서 죄송합니다."

그는 마디 굵은 손을 내게 내밀었다. 그리고 많은 고통과
번민의 터널을 지나온 자의 평화로운 미소를 내게 보냈다.

모든 생명이 행복하고 안녕을 누리기를

그들의 마음이 지혜로워지기를

존재하는 어떤 생명체이든

멀리 사는 생명이거나 가까이 사는 생명이거나

이미 태어나 있는 생명이거나

앞으로 태어나게 될 생명이거나

이 모든 생명들이 다 행복하기를

남전대장경, 『자비의 기도(Mett-Sutta)』

마음의 평화

대승불교의 정신적 전통에 비추어 본다면 이 세상에 번뇌와 고통에 싸여있는 생명체가 하나라도 남아 있다면 그 누구도 완전한 깨달음과 행복을 누릴 수 없다. 왜냐하면 모든 생명체는 저 아득한 숙업의 세계에서부터, 저 머나먼 겁의 저편에서부터 상호 연결된 생명체이기 때문이다. 불교의 윤리적 기준으로서 자비의 실천이 그토록 강조되는 것은 단순히 종교적인 자선이나 박애, 신의 이름에 의한 사랑이 아니라 불교가 지닌 해탈의 가르침 때문이다. 즉 모든 생명체는 그 자신의 생태적인, 영성적인 발전을 위한 능력을 갖추고 있으며, 모든 생명체는 그 자체가 해탈을 향한 공동의 수행에 참여하고 있기 때문에 존중받아야 한다는 것이다.

불교는 '유일신 없는 종교'라고도 말할 수 있다. 인간을 창조한 절대자로서 신이 없는 종교가 있을 수 있을까? 불교의 대답은 '그렇다'이다. 불교는 신神의 존재를 상정하거나 신의 존재를 논증하는 것을 철학적 목표로 삼지 않는다. 일반적으로 불교는 신의 존재를 부정하는 무신론無神論이라고 말하지만, 이와 같은 규정은 어디까지나 신의 존재를 인정하는 유신론有神論을 상대적으로 대비하는 입장에서 생겨난 입장일 뿐이다. 물론 불교도 신앙을 중시하며 부처님과 교법과 승가에 귀의하는 삼귀의三歸依를 기초적인 신앙의 례로 삼고 있을 만큼 신앙을 중시한다.

아소카의 법

불교가 가진 영원한 매력의 하나는 모든 시대, 모든 지역의 사람들로 하여금 궁극적으로 배우고 실천해야 하는 가치와 행동의 규준을 제시하고 있다는 점이다.

그 보편적인 가치와 행동의 원리는 바로 '다르마dharma'이다. 범어 다르마는 보통 법法이라고 번역되지만 원래는 의무, 사회질서, 덕, 선한 행위, 가르침 등 여러 가지 의미를 담고 있다. 불교 또한 '붓다의 법(Buddha-dharma)', 즉 불법佛法이다.

따라서 불교는 지혜와 자비로 함축되는 '붓다의 법'을 배우고 실천하는 종교이다. 실제적으로 불교의 역사는 바로 이 '붓다의 법'을 적극적으로 따르고 자신을 재창조한 사람들의 역사이다.

무법천지나 다름없는 이 세상에서 오늘, 나는 불교의 역사에 가장 법의 실현에 적극적이었던 한 사람, 아소카를 생각한다. 그리고 그 아소카의 이야기를 여러분과 함께 듣고자 한다.

8년 전, 짐은 칼링가^{Kalinga}국을 정복하고 그 땅으로부터 포로로 이송되어 온 자가 15만 명이요, 죽은 자가 10만 명이다. 또 그 몇 배의 사람들이 이 때문에 죽었다. 짐은 이에 대하여 마음 아픈 고뇌를 느끼고 비통하게 생각한다. 짐은 그 이후부터 진심으로 불법을 신행하고 법을 애모하며 법의 가르침을 행하는 자가 되었다.

생각건대, 법에 의한 승리는 최상의 승리로서 지금 이 승리는 짐의 영토 안에서나 다른 여러 나라에서 많이 얻어지고 있다. 어떠한 곳이라도 인간이 갈 수 있는 곳에는 짐의 사신이 이르러 법의 가르침을 전했으며 가지 못한 곳에서도 법의 가르침을 따르는 자가 많다. … 이 법에 의한 승리만이 진실한 승리이다. 그러므로 인간의 모든 애락을 바꾸어 법에 대한 애락이 되게 하라.

아소카, 「14장 마애법칙」 10

아소카의 법

아소카(Asoka, 재위 기원전 272~232)는 누구인가? 그는 인도 마우리야 왕조의 제3대 왕으로서 불법에 의한 이상국가의 실현에 전념했으며, 불교정신에 바탕을 둔 그의 윤리적 보편주의는 동양의 정치사상에 큰 영향을 준다. 그러므로 아육왕阿育王이라는 이름으로 알려진 중국과 한국, 일본에서는 이상적인 제왕, 즉 전륜성왕轉輪聖王의 모델로 부각된 인물이다.

그러므로 동양의 많은 제왕들이 아소카의 모범을 따르고자 했으며 불교도들은 아소카를 불교의 수호자로 생각했다. 아소카는 처음부터 법에 의한 통치를 행한 제왕이 아니었다. 불교경전 또한 초기 아소카의 악행을 사실적으로 전하고 있다. 그는 백여 명의 이복형제를 쓰러뜨리고 즉위했으며, 기원전 264년에는 반란을 일으킨 인도 동남해안의 칼링가국을 평정하면서 10만 명을 희생시켰다.

전쟁 이후 아소카는 깊은 후회를 하고 무력에 의한 통치를 포기하고 법에 의한 통치, 그의 마애법칙에서 보이는 바와 같은 '법에 의한 승리'를 선택한다. 그는 자신의 참회와 법에 의한 통치이념을 석주石柱와 바위에 새겨서 곳곳의 통상로와 룸비니와 같이 석존의 자취가 남은 성지에 세웠다.

비교적 최근에 속하는 1949년과 1958년에는 아소카의 칙령, 정법과 평화의 메시지가 담긴 마애법칙이 지금 미군의 폭격을 받고 있는 아프가니스탄의 람파카와 칸다하르에서 발견되어 세계의 학계에 보고되기도 했다.

이제 짐은 정법을 펴기 위한 북소리를 울린다. 이 북소리는 과거 몇 백 년 간 일찍이 없었던 법의 소리이다. 여러 생물을 함부로 살해하지 못하며 친족에 대한 예의와 출가한 승단에 대한 예양禮讓, 부모와 스승에 대한 효순을 증장시키고자 한다.

선善은 행하기 어려운 것이다. 어떠한 사람이라도 선을 행하기 시작한다면 행하기 어려운 것을 행하는 것이다. 선한 일 가운데 일부라도 잃어버리는 자는 곧 악한 일을 행하는 셈이다. 악은 참으로 행하기 쉬운 것이다.

아소카, 「14장 마애법칙」 3

235

'붓다의 법'에 귀의한 아소카는 무력에 의한 통치를 포기하고 만약 인간이 자신과 타인의 행복을 위하고자 한다면 영원히 지켜야 할 자비와 지혜의 법을 자신의 통치이념으로 삼았다. 그리하여 왕은 무익한 살생을 금지하고 가난한 사람들을 위한 배려, 아픈 이들을 위한 병원을 세우고 3리마다 우물을 파고 여행자를 위한 숙소를 세웠다.

또한 국립창고를 지어 가난과 각종 재난에 대비한 물자를 비축했으며 농산물의 생산을 증가시키기 위해 운하와 저수지를 파서 산업을 장려했다. 그는 표면적으로만 불교에 귀의한 사람이 아니라 불교정신에 담긴 인간의 의무, 또는 '생명 있는 것에 대한 배려'를 정치적으로 실현한 인물이다. 때문에 현대의 아소카 연구자들은 아소카를 가리켜 "왕권에 대하여 입헌立憲의 제약을 최초로 부여한 인물"이며 아소카의 석주법칙, 마애법칙을 "시민을 위한 최초의 권리장전權利章典"이라고 말한다.

백성은 질병, 재액의 때와 여러 어려운 경우에는 기원祈願을 하라. 그러나 그것은 무의미한 작은 이익에 불과하다. 이에 비해서 법法의 기원祈願은 그 이익이 큰 것으로서 현세 및 후세에 한없는 공덕을 낸다. 법의 기원이란 교법을 존숭하는 것으로서 출가 비구에 대한 보시와 부모, 스승에 대한 효순과 이웃에 대한 배려, 생물에 대한 배려를 포함하는 것이다.

아소카, 「14장 마애법칙」 7

아소카는 세속적 이익을 위한 기원보다는 법의 기원을 중요시했다. 왜냐하면 진리를 위한, 진리에 의한 기원만이 공공성과 보편성을 가질 수 있기 때문이다. 그러나 불교의 법이 가진 보편성이 바로 불교의 슬픔이기도 하다. 아소카의 경우처럼 오직 실천에 의해서만 증명되는 법의 가치를 자신들의 이익에 따라 임의적으로 왜곡하고 '이것도 저것도 다 불법'이라는 무자각한 보편성 때문에 불교는 어려운 처지에 놓여왔다. 불교의 보편성의 왜곡과 무지는 바로 불교의 정체성 위기를 불러온다.

이 보편성의 함정에서 벗어나려면 경전을 학습해야 한다. 경전은 바로 이 불법을 정선하여 집성한 법의 보장寶藏, 법보法寶이며 경전의 가르침을 숙고하여 행동하는 사람은 언제나 불교의 깊은 자비와 지혜를 체득하고 삶의 고통을 치유하는 길을 찾았다. 때문에 아소카가 행한 일 가운데 가장 특징적인 사실은 바로 인도 각지의 고승들을 소집하여 불교경전을 결집하고 자신의 아들 마힌다를 스리랑카에 보내어 불교의 일대 중심지로 만들었으며 저 멀리 시리아, 마케도니아, 이집트, 중앙아시아까지 불교포교사들을 파견했다는 점이다.

당시 인도의 중동부 지방의 작은 교단에 불과했던 불교가 보편을 지향하는 세계 종교로 발돋움하게 된 이면에는 온전히 아소카의 불교 포교정책에 의한 것이다.

사람은 대개 "나는 이러한 선행을 하였다"라고 말하고 모두 자신의 선행만을 내세우는 것이 보통이다. 그러나 "나는 이러한 악행을 하였다"라고 참회하고 "이것이야말로 나의 번뇌이다"라고 말하며 자신의 악을 바로 보는 자가 없다. 이것은 스스로를 살피기가 매우 어렵기 때문이다. 지나친 열정, 냉혹함, 분노, 교만, 질투와 같은 것은 번뇌로 인도하는 것이다. 또한 자선, 보시, 용서, 겸양, 평화 같은 선행은 현세 또는 내세의 안락으로 인도하는 것이다.

아소카, 「14장 마애법칙」12

'붓다의 법'은 아소카에게 개인적으로는 자기 성숙의 법이었으며 사회적으로는 공공의 복지, 인류의 평화를 추구하는 길이었다. 따라서 그는 자신의 불교신앙을 진지하게 표명하면서도 당시 자이나교와 브라흐마니즘을 반대하지 않고 온후한 자세로 보호했다.

이처럼 아소카의 마애법칙의 문맥에서는 한없는 관용이 넘치고 있지만 동시에 인간 개개인에게 도덕적 주체로서의 자각과 회복을 강조하는 호소가 읽혀진다. 바로 이것이 아소카가 파악한 법의 원리였다. 참다운 법은 오직 개인의 실천에 의해서만 증명되고 그 실천이 바로 크나큰 법의 실천을 낳는다는 것이다.

아소카는 말로만 진리, 법의 실천을 이야기할 것이 아니라 한순간 한순간의 선*, 마음의 청정, 절제야말로 '붓다의 법'이라는 것을 지금 우리에게 깨우쳐 주고 있다. 결국 아소카의 법은 고대의 전설적인 제왕만이 실천할 수 있는 고매한 것이 아니다. 평범한 존재에 불과한 우리 역시 아소카의 법을 실천할 수 있다면 바로 당신이 전륜성왕인 것이다.

정토 淨土

불교도들은 누구나 아미타부처님의 정토^{淨土}를 염두에 두고 살아간다. 『무량수경』『관무량수경』『아미타경』과 같은 정토경전은 세상의 오염과 미혹이 존재하지 않는 아미타불의 정토를 설한다. 정토란 온갖 행원과 불법의 광명으로 장엄된 부처님의 나라이다. 그리고 우리나라 불교 역사의 어디에나 모든 방면에 정토에 대한 열망이 숨 쉬고 있듯이 우리나라의 불교는 현세의 지복과 깨달음을 추구하면서도 정토에 대한 열망을 아주 깊은 정서로 다듬어 해탈의 사상으로 승화시켜 왔다. 현대의 우리는 지금 우리나라 정토불교의 깊은 정신성과 신앙을 망각한 지 이미 오래이다.

정토신앙의 본질은 구원이다. 정토신앙은 예토^{穢土}의 오염을 반성하고 자신의 나약함을 진솔하게 인정한다. 결국은 소멸할 수밖에 없는 유한한 존재로서 아미타부처님의 대자비와 본원^{本願}에 귀의하여 정토를 희구한다. 정토신앙은 나약한 인간이 절대자의 힘을 빌리는 연약한 신앙일까. 아니다. 숙업의 올가미에 묶여 있는 연약한 인간, 인간이 추구하는 욕망의 어두운 나락을 깊이 응시하여 스스로의 죄업을 참회하고 탐욕과 무지, 항상 죽음의 그늘에 덮여 있는 유한한 예토에서 정토를 구현하려는 신앙이다. 인간 스스로의 나약함과 유한함을 진솔하게 인정한다는 것은 절대 부끄러운 일이 아니다. 이 작은 깨달음이야말로 정토신앙의 출발점이다.

부처님께서 아난에게 말씀하셨다.

"그때 세자재왕불이 법장비구에게 고하시되 설한 바와 같이 수행하여 부처님의 나라를 장엄할지니 그대는 마땅히 스스로 알아야 한다."

법장비구가 부처님께 사뢰었다.

"이 가르침은 넓고 깊어서 저의 경계가 아닙니다. 오직 원하옵나니 세존이시여, 제불여래의 정토의 행을 설하시어 제가 이 가르침을 듣고서 마땅히 설한 바와 같이 수행하여 원하는 바를 이루게 하소서."

그때 세자재왕불은 그가 높고 밝으며 원하는 마음이 깊고 넓음을 알고 곧 법장비구에게 설했다.

"비유컨대 어떤 사람이 큰 바다를 되로 퍼내어 수 겁이 지나면 오히려 바다 밑의 보물을 얻을 수 있을 것이니 사람이 지극한 마음으로 정진하여 도를 구하는 마음이 멈추지 않으면 마침내 그 결과를 얻을 것이니 어찌 원하는 바를 이루지 않겠는가?"

『무량수경』

정토신앙은 우리나라의 불교의례, 불교미술, 사상과 문학을 이끌어 온 원동력이었다. 정토에의 깊은 염원을 노래하는 신라 향가 「원왕생가」 「제망매가」와 아미타부처님을 조성하여 모신 한국불교의 여러 가람들, 『정토삼부경』에 대한 깊은 천착을 통해 드높은 수준에 도달한 주석서를 남긴 옛 학승들의 정신세계, 건봉사의 만일염불결사 등 모두 치열하면서도 심원한 경지에 도달한 정토불교의 얼굴이다. 불상의 조성과 봉안은 정토신앙과 밀접한 관련이 있다. 즉 불상을 봉안하는 법당은 닫집과 영락瓔珞, 번幡 등으로 미려하게 장엄된다. 그리고 여러 대승경전에 수록되어 있는 바와 같이 향화香花로 예배 공양하며 송경한다. 여기에는 음악과 무용이 포함된다. 즉 불상을 봉안하고 예배 공양하는 불사에는 종교의례·공예미술·음악무용이 종합적으로 사용되는 것이다. 불상을 예배 공양하는 공간과 의례는 바로 정토경전이 묘사하고 있는 정토의 세계이다.

여기서 우리가 주목해야 할 점은 불상에 예배하는 마음을 불상에 전주통일專注統一하여 불국의 부처님을 보는 수행법이 생성되었다는 것이다. 불상을 중심으로 한 염불삼매, 관불삼매觀佛三昧는 바로 선정의 실천이다. 이러한 실천의 이면에서 붓다의 영원함에 대한 신앙이 자라난 것이다. 불상을 봉안한 법당은 바로 정토왕생을 희구하는 신앙을 닦는 수행공간이다. 그러므로 불교의례와 예술은 정토사상과 무관하지 않다.

저희들이 정성을 모아 무량수 부처님상 한 분을 조성하오니
원컨대 돌아가신 스승과 부모님이 날 때마다 항상
제불 선지식 등을 뵙고
미륵부처님이 서원한 바와 같이
원하옵건대 한 곳에 나서 부처님을 뵙고 불법을 들어지이다.

「신묘명금동삼존불광배문」

이 발원문은 1930년 황해도 곡산군에서 발견된 금동삼존 불의 광배에 새겨져 있다. 국보 제85호이며 571년경에 조성된 삼존상으로 밝혀지고 있다. 이처럼 우리나라의 옛 불상의 명문銘文에는 스승, 선망부모, 가족 등의 정토왕생을 기원하는 발원이 많이 남아 있다. 즉 불상을 조성하는 공덕을 망자에게 돌려 망자의 정토왕생을 기원하는 것이다. 예부터 그랬지만 지금도 한국인들에게는 가족주의를 기본으로 하는 조상숭배의 전통이 있으며 제사는 유교적 효의 중심적인 덕목이었다.

일반적인 한국인들은 부모, 형제, 가족, 친지가 사망하면 절에 가서 49재를 올린다. '지옥에 떨어지거나 축생으로 태어나지 말고 좋은 데 가라', 즉 영가가 불국정토에 왕생하기를 바라는 소박한 염원을 품고 망자의 명복을 기원하는 것이다. 그리고 죽은 영가의 이름으로 경전을 법공양하는 등 보시를 행하기도 한다. 더욱이 불교에서는 연고가 없는 무연고 영가들을 위한 천도재도 불사 때마다 행한다.

이와 같은 일반적 한국인들의 삶과 죽음에 관한 정서는 정작 당사자들은 의식할 수 없더라도 정토교에 기반을 두고 있다. 즉 한국인들은 유교적 효도를 불교의 정토교적 기반에서 실천하는 것이다.

만약 내가 부처가 된다고 할지라도
불국토의 인천^{人天}들의 모습과 색깔에
아름답고 추한 차별이 있으면
마침내 정각을 얻지 않겠습니다.

『무량수경』 상, 48원의 제4 형색무차원^{形色無差願}

요즘 한국은 남녀노소 할 것 없이 성형수술로 얼굴을 뜯어고치고 겉치레와 생김새를 중시하는 나라가 되고 말았다. 이처럼 성형된 현대의 아름다움은 곧 소비되고 탕진되어 버리고 마는 허무한 것이다. 그러나 정토의 아름다움에는 형색의 미추가 없다. 정토의 아름다움은 법장비구의 48원 가운데 제3 동진금색원同眞金色願, 모두 함께 금색으로 빛나기를 원하는 서원과 함께 무차별과 평등의 이념을 강조한다. 정토의 모든 존재에는 미추의 구별이 없다는 제4 형색무차원의 정토적 미학이야말로 모든 예술의 이상적 경지이며 '불이미不二美의 원願' '불교미학의 비원悲願'이다.

어떤 불상이나 불교예술품을 소개하는 글을 쓰게 될 경우, 불상의 아름다움이나 우아함을 상투적으로 강조하는 것은 별로 중요하지 않다. 그 이상으로 '미추'를 초월한 마음의 숭고함, 미추와 신분, 성별, 연령을 초월하여 그 예술이 보여주고 있는 불교미학의 근본문제와 불교적 비원에 대해서 강조되어야 한다. 즉 불상이 인체라는 형색에 인생의 고뇌와 갈등을 초극한 열반과 자비, 그 내적인 정신을 표현하는 것이라면 먼저 관찰자의 마음과 눈이 그 표현과 감상의 주체가 되는 것이다. 특히 아미타불상의 경우 그 불상이 응시하는 것, 즉 그 불상이 암시하고, 상징하고자 하는 종교적 지향점은 이 사바의 생로병사에 찌든 인간이 아니다. 정토라는 다른 우주를 응시하는 것이다. 그 불상의 조성자는 자신의 심경에 투영된 아미타불, 정토에 관한 신앙과 정서를 최대한 불상에 반영하고 있는 것이다.

원컨대 이 목숨이 다하도록 다른 생각없이
아미타부처님만을 따르고자 하오니
마음마음 부처님의 옥호광에 묶고
생각생각 금빛 모습 떠나지 않으리.

願我盡生無別念 阿彌陀佛獨相隨
心心常係玉毫光 念念不離金色相

『석문의범』 장엄염불

내가 어렸던 시절, 새벽 산사의 적요한 법당에서 아미타신앙이 아름답고 단정하게 정리된 게송을 외우며 종송을 하면 종소리와 함께 자신도 서방정토로 가고 있는 것 같은 기분이 들 정도로 이 염불의 운율은 간절했다. 물론 듣는 사람도 일상에서 느끼지 못한 정서적인 여운을 갖게 된다. 하지만 중요한 것은 이 염불을 하는 사람이나 듣는 사람이나 염불의 내용을 알아야만 더 깊은 감동과 성찰을 불러일으킬 수 있다는 것이다.

요약하자면, 염불을 듣는 법연은 맺어지겠지만, 의미도 모르고 듣는 아마추어의 팝송 듣기 수준이 되어서는 곤란하다는 것이다. 나의 불교신앙에서 생각해 보면 깊은 수행력이 필요한 정토신앙은 화엄과 같은 고급의 불교철학보다도, 선禪의 심원한 깨달음보다도 우리 한국인의 영혼에 깊은 여운을 남기고 있다.

"일지스님이 돌아가셨습니다."

전화기를 타고 한 지인이 들려준 목소리는 마치 어느 신문 속 부음기사처럼 들렸다. 머리를 흔들며 다시 정신을 차리니, 수국사 한켠에 마련된 컨테이너에서 나에게 『정토삼부경』을 가르쳐 주셨던 그 분이었다. 귓속이 웅웅거렸다. 나는 멍한 상태로 홀로 수국사로 향했다. 2002년 8월 23일, 수국사 주지스님에게 발견된 일지스님의 육신은 돌아가신 지 2~3일이 지난 후였다.

여름 장마의 습한 기운이 컨테이너를 가득 채웠다. 10평 남짓한 스님의 방은 잠자고 글을 쓰는 2평 정도의 공간을 빼면 약 4천여 권의 책으로 빼곡했다. 이 공간에서 스님은 매주 1회 석·박사 청년들과 함께 경을 읽었다. 스님은 학사 출신인 나에게 교계 월간지 기자 시절부터의 인연으로 이 모임에 말석 한 자리를 내줬다. 한 사람씩 원문을 읽고 해석하며 진행된 경전 읽기는 나에겐 곤혹이었다. 한문을 띄엄띄엄 읽는 나에게 스님은 나의 부족함을 채워주며 함께 경전의 길로 이끌어주었다. 영민한 제자들에 비해 나는 아둔한 제자였기에 답답함이 이루 말할 수 없었을 것이다. 오죽했으면 나에게 '경전을 어떻게 공부할 것인가?'란 제목으로 짧은 편지(이 편지는 몇 번의 이사를 하면서 분실하고 말았다)를 건넸을까.

스님의 관심과 배려와는 달리 나는 경전 공부에 소홀했다. 오히려 스님이 쓴 경전의 해석들에 매료됐다. 생각해 보면 나는 스님께 경을 배우는 것보다, 스님의 글쓰기와 꼬리에 꼬리를 무는 경전의 해석 방식에 더 탐닉했던 것 같다. 예컨대 『무량수경』을 강독하면서 '信心에 대한 소고'를 A4 용지 3장에 가득 채우거나, '無我에 대해서'를 A4 1장에 써내려갔다. '單獨者로서의 인간과 業에 관하여'란 독창적인 글을 만난 것도 『무량수경』을 강독하면서. 스님은 매주 한 번씩 A4 용지 4~13매를 10포인트 글자로 가득 채워 나눠주셨다.

오랜 시간이 흘렀다. 올해 8월 말 늦은 밤 스님의 빛바랜 책과 글을 읽으면서 나는 오랫동안 잠을 이룰 수 없었다. 해인강원의 선배였던 민족사 윤창화 사장은 "지금 그만한 불교적 천재가 또 있을까?" 하며, 스님의 이른 죽음을 안타까워했다. 스님은 스스로를 '불교인문주의자'로 칭하고, 비승비속非僧非俗의 삶으로 수많은 경전을 탐구해나갔다. 스님이 이르고자 한 곳은 어딜까. 스님의 『정토삼부경』 경전 강독 노트(2000.11.4.)에는 "인간의 고독과 업의 숙명성을 꿰뚫어 보고 해탈을 설하는 붓다"를 언급하며 경전의 한 문장을 가장 위에 인용했다.

"나는 사람들과 교제하지 않았으며 나에게는 어떠한 벗도 없었다.(『상응부경전』 1)"

이 책은 월간 『불광』에 2000년부터 2년 동안 연재한 글을 묶은 것이다. 지금은 사라진 '불교인문주의자'의 경전을 읽은 시선이 대중에게 전달된다면 더할 나위 없을 것이다.

편집인 김성동